看透
白酒股

边航 ◎ 著

在消费赛道中获取
投资收益

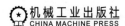
机械工业出版社
CHINA MACHINE PRESS

《看透白酒股：在消费赛道中获取投资收益》是一本聚焦消费行业价值投资的工具书。

本书以职业投资人的视角，试图全方位分析和解读白酒股的投资机会。从做职业投资的思考出发，分享投资需具备的重要认识，分析消费行业和白酒赛道的投资机会和商业模式；从定性分析视角，详细解读白酒的市场现状和竞争格局；从价值投资逻辑，梳理白酒股的投资机会、风险和估值方法，以及针对十大白酒企业的正确投资方式；以白酒股抛砖引玉，总结股市投资心理、交易技巧，以及对未来投资的思考。本书试图以线带面，以科学投资方式，让投资者在股市中赚取认知收益。

图书在版编目（CIP）数据

看透白酒股：在消费赛道中获取投资收益／边航著.
北京：机械工业出版社，2025. 5. -- ISBN 978-7-111
-78090-8

Ⅰ. F832. 51

中国国家版本馆 CIP 数据核字第 2025XA1414 号

机械工业出版社（北京市百万庄大街 22 号　邮政编码 100037）
策划编辑：李　浩　　　　　责任编辑：李　浩　解文涛
责任校对：王　延　李小宝　　责任印制：任维东
河北宝昌佳彩印刷有限公司印刷
2025 年 6 月第 1 版第 1 次印刷
145mm×210mm · 9. 25 印张 · 3 插页 · 206 千字
标准书号：ISBN 978-7-111-78090-8
定价：88. 00 元

电话服务　　　　　　　　　网络服务
客服电话：010-88361066　机　工　官　网：www. cmpbook. com
　　　　　010-88379833　机　工　官　博：weibo. com/cmp1952
　　　　　010-68326294　金　书　网：www. golden-book. com
封底无防伪标均为盗版　机工教育服务网：www. cmpedu. com

热爱让我们远离尘埃

每个人在一生中，最大的幸运，就是找到自己的热爱。不管这份热爱是一个人还是一件事，它都会让我们的人生远离尘埃。英雄见惯亦常人，如果颗粒度足够小，这个世界上的事情实际上一直都是些鸡毛蒜皮之类的小事，尽管身处其中，会感觉有些事情比天还大。

我们习惯了种种平庸，懵懂中回头望时，却发现已经过去了数十年。更可怕的是，曾经厌烦的生活模式，我们早就习以为常，并仍在延续，直到我们离开这个世界。是热爱让我们变得与众不同，每一个平凡的事物，有了热爱都会变得伟大，尽管有时候这种伟大可能无人知晓。世界是客观的，也是主观的，世界就在我们面前，也活在我们的心里。

对我来说，投资是一份工作，也是最大的热爱。人的年纪越长，越发现自己的平凡。但在投资一家企业的时候，我通过长期的研究，深入其内，会发现自己已经成为这家企业的一部分。而这家企业在市场上不断突破的时候，就像我自己也在跨越一座座高山，那种和企业一起变得伟大的感觉，只有一个深度价值投资人才会真正懂得。

那么你付出过的无与伦比的热爱呢？那一个人，那一首诗，那一曲歌，那一片土地，那一段时间。穿过岁月，穿过山川和大海，穿过你平凡的生活和也许会更加平凡的未来，它们会一直藏在你的心底，磨不平、毁不掉、忘不了，让你在某个瞬间忽然心动，然后可能是排山倒海般的汹涌，也可能化作无声的岁月融在一杯酒里。

不管是哪一种存在，那一瞬间，都是你的永恒时刻！

回想起十几年的投资生涯，那里有无数深刻的印记，看到一只股票的时候，想起和它一起同甘共苦的日子，有些感觉宛如旋律，宛如韵律，多少年之后还会回荡在心底。人生带不走什么，但有些印记会悄悄地藏于尘世，证明我们曾经来过。

世界一直都在变化，进化的历史，就是我们从本能到智能的迭代，而智能会因为某一时刻的热爱，超越原本平凡的身体和平庸的现实。那个瞬间，就是一个人最接近"神"的时候。于是，有了神作，有了神之一手，有了鬼斧神工。

对那些痛恨平庸的人来说，人生就是不断点燃自己的过程。因为热爱而璀璨，因为热爱而黯淡，因为热爱而甘愿承受一切平凡甚至苦难。有些人是幸运的，他们的热爱可以闪耀在整个天空里，但更多人并没有这样的机会，只是偶尔的夜晚中飘忽的小小烛光，然后用自己的一生去感到欣慰。

投资所带给我的，正是站在巨人肩膀上不断进化的喜悦。一颗星在夜幕中是孤独的，但它把自己放在银河里，就成了亘古不朽的奇观。职场上选择一个平台，会有重重阻碍，但在投资中，你可以拥有远超你能力极限的平台。它随时会为你打开，只要你带着热爱，与它形影不离。

芒格说过，你想要一件东西，最好的方法就是配得上它。不是每个人都能得偿所愿，有时候我们没有那样的能力，可以一直陪在它的左右，但总可以不断地沉积，不断地接近，然后在某一瞬间绽放。哪怕只是一刹那，哪怕这个世界都来不及发现这份光的存在，但我们自己知道那是什么，我们知道它曾经来过，知道自己曾经爱过，知道这一生一世曾经有一个瞬间，我们和"神"在一起。或者说，那一瞬间，你就是"神"！

我们不清楚造物主用什么规则设计世界，也不清楚这个世界最终会走向何方。也许太阳的光芒和陋室的烛影，从宇宙的另一侧看起来并没有什么不同。存于世间，有些东西可以努力，有些东西只能被选择，改变不了的命运可以置之不理，但在那些可以选择的地方，不要忘记你的热爱。

一切热爱，都献给投资。

从来月圆不由人，阴晴只有天上分。也拟一醉身飞翼，寂寂，风高地阔似凡尘。

浮生沧海一瞬间，如游三界不尽年。万古千歌无来世，休休，红尘即是云中仙。

目录
Contents

——

最佳商业模式

第一章

第一节　经营为道，财务分析和技术分析都是 0

股民的类型有很多种，价值投资者只是其中一小部分，远远少于以技术分析为主的群体，而数量最大的是那些既不懂价值投资又不懂技术分析的人。这种人可以叫作"听风派"，喜欢听各种消息，最擅长的就是追高接盘。

尽管价值投资者是数量最少的一部分人，但很多以价值投资自居的人，往往看不起那些技术分析者，觉得 K 线、指标等都是旁门左道，价值投资才是正宗。实际上，技术分析之所以被应用如此广泛，也是有其内在逻辑支撑的。演变到现在的技术分析，不管是 K 线形态还是指标、量能等，都是基于统计学的一种应用，研究的是资金和交易者情绪的变化。而这种应用在实践中相信的人越多，其准确率就会越高，这是一种反身性的表现。但很多信奉技术分析的交易者，往往都是抛开基本面只看技术面，这就很容易走进盲区，大部分时候处于知其然不知其所以然的状态，遇到一些极端情况出现的时候，经验越丰富的交易者，损失就可能越大。有的时候，一些资金还会利用规模优势，有意做出诱多或者诱空走势，交易者就变成了咬饵的鱼。

此外，大部分所谓的价值投资者，也只是在财务分析上比普通投资者做得多一些而已，并不一定就真正理解了价值。要想让财务分析实现效率最大化，首先需要确保企业财报上的数据绝对真实，而且在未来不远的时间内，企业的经营会保持平稳，不能出现太大波动。在这种条件下做出的财务分析，才更有意义，但现实中往往达不到这种理论效果，很多时候还会相差甚远。所以，财务分析作为投资的一种基本技能，也仍然只是一种"术"——算术！技术和算术，体现的都是对过往已存数据的理解。

当然，如果只能选择一种方式，财务分析还是比技术分析更加可靠的。脱离了技术分析的财务分析，长期盈利的概率会比脱离了财务分析的技术分析大得多。

财务分析也好，技术分析也罢，都是可以通过培训，通过阅读，通过一些方法论去理解的东西，是可以通过教科书不断提升的技能。但这些环节做得再好，始终停留在"术"的层面，投资者单凭对财务数据的解读，是不可能真正理解一家公司的；单凭对技术分析的掌握，也很难对股票趋势做出精准的判断。

可以说，财务分析和技术分析都是 0，它们的价值取决于最前面那个数字的大小，如果没有这个数字，后面有再多的 0 也毫无意义。这个最前面的数字，就是企业经营。有时候，投资者过于执着财务分析，或者是过于相信技术分析，在企业经营上产生了误判，研究者的能力越强，损失反而可能会更大。

譬如，2021 年初，主要白酒股纷纷创出了历史最高股价之后，便随同大盘集体滑落，展开了旷日持久的大幅下跌历程。很多新股民自从入市开始，便习惯了白酒股的持续上涨，等自己看好的公司跌到一定幅度，便觉得抄底的机会来了，于是纷纷拿出计算器，从历史和财报中找出各种数据，来做估值分析。

关键问题是，从 2016 年开始，各主要酒企陆续进入业绩爆发期，直到 2023 年很多公司都保持了百分之二三十的利润增速。投资者所代入的各项财务指标，大都是建立在之前几年快速增长的销售数据基础上的，他们以为的低估，如果失去了高速增长的业绩基础，就变成了空中楼阁。与此同时，很多技术分析者也在不断观察各种指标，他们在成交量、均线、MACD、布林线等观测点上找到支持，并以此为依据进行买入。

可从2023年开始，一家又一家酒企的业绩纷纷变脸，有的前一个季度还能保持超过20%的归母净利润同比增速，下一个季度就变成了个位数。有些公司的财报发布后，股价剧烈波动，技术指标全面失灵，以此为标准进行买入的投资者常常大跌眼镜，看得目瞪口呆。

在这种背景下，不管是财务分析者还是技术分析者，都很难把握股票的走势，他们一遍遍抄底，却一遍遍抄在了半山腰上。在这个过程中，连贵州茅台的股价都出现了腰斩，五粮液和泸州老窖的股价一度跌到了2021年高点的三成左右，舍得酒业和酒鬼酒的股价甚至跌到了三年前的一成多。

这种行业性下跌，是和大的经济环境息息相关的。可以说从2022年开始，由于商品房销售数据连续下跌，对消费起到了明显的抑制作用。各家酒企起初还可以通过压库存的方式来维持业绩，但当经销商渠道由于去化速度慢，无力承接厂家新货的时候，酒企的报表数据就会突然变脸。

在这个过程中，投资者只有对宏观经济保持足够的敏感性，同时对各家酒企主要产品的价格、库存保持动态高频监测，才能更客观地理解酒企的处境。投资者一味用过往数据或者技术指标做参照，就很容易犯刻舟求剑的错误。

另一个极端情况出现在2024年9月，当主要白酒股都在不断创新低的时候，无论是从财报还是从盘面的技术指标来看，白酒股都在重复 2013 年的惨痛情景。那时候，悲观情绪弥漫在大部分投资者中，他们不断看衰的声音，也导致不少一直持仓白酒股的投资者，在极低的位置上交出了带血的筹码。

但从 2024 年 9 月 24 日开始，市场强力反转，也让白酒股纷纷暴涨。很多白酒股在之后五六个交易日内，股价就上涨了百分之四五十，酿酒板块成了当时市场上最强势的板块之一。9 月中旬割肉的人，很多都是苦熬了两三年的持仓者，真是倒在了黎明前。

在 9 月下旬的时候，很多白酒股的股息率都已经达到了 4% 以上，有些甚至达到了 5%~6%，这比 10 年期国债的收益率高出了一倍之多。这种高企的股息率，是不可能长期存在于一个 ROE 普遍保持在 20% 以上的板块中的。后面只有两种情况：一种是股价上涨，让股息率降下来；另一种是企业归母净利润不断下滑，导致分红金额下降，股息率也会降下来。

我们只有深刻理解了白酒行业的运行规律，理解了白酒的产品特质，理解了购买者的消费特点，才会在那样极端的环境中保持坚定。这真不是根据哪本教科书传授的财务分析技巧就可以判断的，更不是哪个技术指标所能够体现表达的，需要我们对企业的经营进行长期跟踪和深入理解，对消费人群进行从理性到感性的充分认知，才能把握住市场给予的最佳买点。

经营为道，其他各种因素都只是它后面的 0，即便财务分析和技术分析能排在一些因素的前面，也仍然是 0 而已。有了经营这个"数字"，后面的 0 才有意义，经营这个"数字"越大，后面这些 0 的价值就越大。

对大多数人来说，看懂一家公司的经营并不容易。多少人在股市里沉沉浮浮了几十年，对某一年、某一月某只股票的交易价格倒背如流，但对这家公司的产品和经营却只是一知半解。这有些是能力问题，但更多来自于价值观。价值投资，始终是价值观的投资，你若不想成为这样的人，就一定不会走上这样的路。

也有一些人，确实也愿意深入研究企业，但总是过于拘泥于教材，很难做到活学活用。我们做投资的时候，一定要深入社会，不能死啃书本，被所谓的模型和指标固化。

对于那些做过企业经营的人来说，只要指导思想不出现偏差，不急功近利，不畏首畏尾，投资更容易走向正轨。而对于很多年轻人来说，在认认真真做好自己本职工作的同时，也应该尽量抬起头来，多关心一下所在企业的经营管理是如何推进的。这不仅对自己在职场上的进步有促进，对自己未来的投资之路也有极大的好处，多做多得。

第二节　商业模式：投资皇冠上的明珠

商业模式的定义有很多种，并没有一个公认的标准答案，我的理解如下：**商业模式，是指通过充分发挥自身资源优势，构建出能够为客户创造最大化服务价值，并以此实现自身收益的经营体系**。这里面有四个关键因素，一是"资源"，二是"客户"，三是"收益"，四是"体系"，缺少任何一个因素，都不是一个完整的商业模式。

商业模式，堪称投资皇冠上的明珠。很多优秀的投资者在选择投资方向的时候，都会把商业模式放在首位。一家具有良好商业模式的企业，是能够经得起行业周期和经营波动考验的，在同等市场环境中，可以创造出比普通公司高很多的回报，而且风险更小，所遭受的竞品冲击更弱。

在商业模式的四个关键因素中，"资源"是核心。有了"资源"上的独有优势，才能保证"客户"可以在此得到服务价值最大化，而"客户"价值的实现，才能保证"收益"兑现，有了长期持续的"收益"，才能形成稳定并可复制的"体系"。

从"资源"到"收益"，大体可以分为四类。

(1) **有些资源是通过天赋实现的，如矿业、油田。**

(2) **有些资源则是通过技术实现的，如科技、创新药。**

(3) **有些资源来自于销售模式的变化，如连锁店、电商。**

(4) **有些资源则来自于品牌的传承，如白酒、中药。**

这其中，科技和销售模式类别的商业模式相对来说确定性比较弱。很多科技类公司，都是靠着一段时间内的技术优势，创造了行业领先的地位，实现业绩持续攀升。可一旦竞争对手在技术上取得突破，就会抢占其主要阵地，令其多年的经营溃于一旦。

历史上，我们能看到很多屹立于行业前沿几十年甚至上百年的金融类、消费类企业，但科技股却往往都是各领风骚一个时代。不少大名鼎鼎的公司，都是因为某一科技应用的变化，而迅速陨落，典型的就是当年 2G 时代风云一时的摩托罗拉，以及近年来的英特尔。

通过销售模式的变化，创造出商业模式上的优势，最典型的是十几年前的电商。传统百货业和零售批发行业，在销售半径和时间周期上都存在着明显短板，电商模式的出现，彻底改变了时间和空间对消费者的限制。

无论天南海北，各地消费者都可以在同一时间，用同样的价格购买到同样的商品，这在传统的销售渠道中是不可能实现的。而大大缩短的经销渠道，也把销售成本降到了最低，这是过去十几年时间里，电商不断呈现出爆发式增长的核心支持因素之一。但经过多年发展之后，市场上出现了几大电商平台，各自都具有规模优势和引流能力。但不管是商品还是物流，各家同质化严重，消费者的品牌忠诚度不高，更喜欢货比几家，哪家便宜就在哪家下单。

这就导致电商之间的"内卷"时刻上演，虽然新的平台很难发展，但老的平台也是谁都打不垮谁。最终的结果，就是大家时刻都得保持着战斗状态，生怕自己掉队，这对业绩的影响不言而喻。

靠天赋实现资源收益的公司，最怕的就是天赋的快速消耗。这里面有自然形成的，也有因为竞争而导致弱化的。譬如有些矿业公司，前些年开采太多，后面的产能无法保证，那么经营上就会逐步衰落，这是自然形成的。也有些公司，原来具有一定的垄断性，但后期行业壁垒被不断突破，商业模式上的优势也就一点点被蚕食了。譬如早期的固话和移动通信业务，都是由中国电信负责的，后来成立了中国移动专做移动业务，然后有了中国联通成为其竞争对手，之后又有了新的中国电信、中国广电等运营商来分一杯羹。更重要的是，随着互联网技术的发展，出现了很多软件可以进行在线沟通。等到微信成为通话主流的时候，很多人都已经很少用手机原本的通话和短信功能了。

与前面三种模式相比，依靠品牌传承为商业模式核心因素的公司，其护城河是最宽广的，只要自身不出现重大失误，其客户黏性和收益稳定性，都明显超过其他类型的公司。究其原因，在于此类公司的产品拥有一定的独特优势，但更大的优势在于长期形成的品牌价值早已深入人心，被主要客户群体所广泛认可，即便某些新进公司在产品品质上有所接近，但其品牌内涵远远不是靠一些营销手段就可以在短期内快速提升的。

这里面的典型行业，就是白酒业。白酒是中式餐饮文化的关键所在，而中式餐饮文化一直都带有强烈的社交属性，在商务宴请、婚宴、升学宴、公司聚会、家庭聚会、朋友聚会等场景中，白酒都是其中最快打破社交距离的事物，也是确定社交层级的象征性产品。单看一桌美味佳肴，有时候不容易分辨酒席档次，但看看桌上摆的酒，参与者基本上就明白今天是什么局了。

多年来，白酒企业一直在强化品牌、文化和历史传承，并不断突出地理标志和工艺特点，经过长期沉淀后，这些都成了后进企业难以逾越的商业壁垒。在历史上，白酒业也经历了几次大的行业考验，但头部酒企仍然保持着稳定的发展态势，这就是白酒商业模式的价值体现了。

经营为道，商业模式则是经营的核心框架，它之于企业就像骨骼之于人体。优秀的商业模式，可以为企业创造出更充沛、更稳定的自由现金流，而竞争者却难以复制。

世界上没有绝对完美的公司，我们有很多种模型和方法研究企业，由此总能找到它的短板甚至潜在危机。但投资是一个综合考量的过程，一家公司在商业模式上的优势，始终是我们做出最终投资决定的最大影响权重。只要商业模式上的优势还在，那么这家公司就值得被我们放进股票池，然后耐心等待"击球区"的出现。

第三节　消费股：价值投资的最佳选择

消费股一直都是巴菲特的最爱，他曾经长期持有过可口可乐、卡夫食品、宝洁等公司的股票，其中可口可乐的持仓已经接近40年。巴菲特在苹果这一只股票上，曾经赚到了1000多亿美元，但他是直到2016年才开始重仓买入苹果的。在此之前，苹果更像是一只科技股，周期性强，波动性大。而近年来的苹果，其产品优势稳固，业绩稳定，并形成了强大的护城河和生态圈，更具备消费股的属性，这是巴菲特所格外看重的。所以在放弃微软、谷歌等科技领导公司之后，苹果成为伯克希尔哈撒韦最大的重仓股，一度占全部上市持仓的近一半比例。

巴菲特之所以对消费股如此看重，是因为消费股的内在属性决定了，在各个板块中，它是最符合价值投资几大原则的。

一、能力圈

每个投资者都必须要有自己的能力圈，不懂的不做是价值投资最基本的原则。很多股票都很优秀，但一定要在自己的能力圈内。再好的公司，如果投资者不懂，那就坚决不要去碰。有些"B端"的产品，距离普通人比较远；而金融、地产这些高杠杆行业，财务状况复杂，投资者如果没有一定的专业能力，很难理解透彻。

相比之下，消费类产品则不然，除了少数铲子类公司[⊖]，基本上都是偏向"C端"的，其中的优秀公司大家耳熟能详，具体的产品，我们可能每天都在使用，产品的好坏和售后服务如何，大家都有直观感受。我们有了这样深入理解的基础后，再去研究公司就相对容易多了。

二、护城河

每个人都有自己的消费习惯和选择偏好。大家在购买消费品的时候，往往都有指定的品牌。没有哪个板块，会像消费领域拥有众多广为人知的品牌。**品牌就是最好的护城河**。即便有人能生产出和可口可乐味道相似的饮料，卖的比可口可乐还便宜，但对全世界的消费者来说，可口可乐仍然是碳酸饮料中的绝对王者。茅台、爱马仕、香奈儿，这些公司总能通过品牌优势，创造出行业内更高的毛利率，拥有更高的销量。

在其他行业，可能会因为一次技术迭代，而迅速崛起一批新锐，来取代昔日龙头。但在消费领域里，这是很少出现的，大部分领导性公司都是通过很长时间才打造出自己的品牌优势。这个优势一旦形成，只要企业自身不犯原则性错误，短期内就很难被取代。

三、复利

复利的力量，是每一位投资者都熟知的。我们相信复利能够

⊖ 在股票投资中，铲子类公司是指那些为其他行业或市场提供必要工具、设备或服务的公司。

让投资者的耐心得到足够的回报，但首先得保证投资者是时间的朋友，而不是站在时间的对立面。

消费品是真正经得起时间检验的，尤其是必选消费，这被用于满足人们的基本生存需求，即便是遇到一些宏观经济的压力，食品、饮料、清洁用品等，还是每个家庭都不可或缺的。消费板块经常出大牛股，可能在某个时间段，某些消费会有所下降，可一旦环境得到改善，往往还会出现"报复性消费"。**长坡厚雪，消费股因为有抗周期甚至逆周期的能力，在很多时候往往会被当作防御性品种的首选。**它们可能不会出现科技股那样的短期爆发性增长，但复利可以让它们在多年以后还充满活力。这种稳定性，对于普通的投资者来说，持仓体验也更加友好。

四、安全边际

消费类公司往往拥有良好的流动性，现金充沛，所以大都不会出现高负债的情况。和银行、非银金融、成长中的科技类公司相比，消费类公司的负债率普遍较低。相比 2021 年之后的地产股，低负债有多重要，大家都有直观感受吧！此外，消费股的市盈率，也许会长期保持在一个偏高的位置，看起来不如某些金融类或者制造类那么低，但我们只要结合这些公司的经营状况和业绩增速来看，还是比较容易判断其估值高低的。

有些成熟阶段的消费类公司，在研发和增加产能等方面，已经不需要太多的资金投入，自由现金流比较好，会为投资者提供比较高的分红率。这种稳定的分红，不仅是基金、保险企业所看重的，对于很多长期持股的个人投资者来说，也能解决现金流的问题。

低负债、合理估值以及高分红，这是选择消费股的三大考量因素。同时具备这三个因素的公司，安全边际相对也会比较高，更容易得到价值投资者的青睐。

价值投资的内涵，具有很大的包容性，但在众多对个股的考量因素中，确定性无疑是最重要的。相对于金融、科技、能源等板块，消费类企业由于更贴近人们的日常生活，所以受宏观因素的影响相对较小。同时，消费板块也一直都是品牌溢价更大的板块，龙头企业的护城河更宽，几十年甚至上百年的优秀企业层出不穷，投资的容错率够大，更加适合普通投资者长期持有。

不疾而速，现在的经济规模已经很庞大，GDP 的增速也开始趋缓，大部分消费品类的龙头企业，看起来业绩增速也没有几年前那么快了。但人们对美好生活的向往，仍在与日俱增，从价值投资的几大原则出发，消费板块仍然是最值得普通投资者选择的标的之一，尤其是白酒股，作为消费股塔尖上的板块，虽然也历经风雨，但凭借商业模式的优势，总能化险为夷。

第四节　白酒股：最佳商业模式

一、酒文化，历久弥新

快语独真，谁介意，一生不退。人笑处，狂歌孤影，守神空对。江湖藏身一杯酒，生死望断几轮回。逆旅遥，流离倦时光，别子规。

心应烈，淡是非。长空卷，万古垂。无所住，乾坤倒转如醉。

我本尘埃何需怕，君却痴心又无归。百年身，静看天地合，同其岁！

人生如酒，酒如人生。酒一直都是一种很特殊的商品，也许是人生太过沉重，一杯酒就能让现实的郁闷在些许瞬间变得无足轻重；也许是人生太过平淡，一杯酒就能让人生的酣畅在举杯之际达到巅峰。梦中了了醉中醒，庄生晓梦迷蝴蝶。每个人都需要有段不那么清醒的时间。在原始社会，衣不蔽体、食不果腹的时代，便有了酒。到现在，衣食无忧，物质与精神都在满溢，人们仍然离不开酒。当下人们都在谈元宇宙，尽管那还只是个遥远的目标，若干年后兑现的时候，可能与我们现在的想象已经相差甚远。但这个世界又离我们很近，几杯浊酒，宇宙苍生就与我们浑然一体了。

一瓶酒，便是一个杠杆。一瓶二锅头，撬动的酒席可能是几百元；一瓶茅台，拉动的消费可能会以万元计。所谓的人口红利越来越少，这让很多事情变得难以确定。但相对而言，消费升级却拥有很高的确定性，因为高消费人群的规模膨胀，与新生儿的增长率成了反比，以后还会进一步加大剪刀差。

民以食为天，食以酒当先。在酒的商品属性中，紧紧扣着"食"字。这会是一条超长赛道，伴随着国力日上，而不断自我升级。有两种商品作为存货，会随着时间的推移而不断升值。一个是核心城市的优质土地，另一个就是白酒。扩大内需，直接和间接都需要白酒助兴。

美国的国力强盛，让很多以美式文化为背景的商品有了更多的附加值，可口可乐、麦当劳、星巴克、好莱坞电影因此席卷世界。当中国的国力影响全面走向世界之时，中式文化的种种品牌，也将真正走出国门，成为世界级品牌。这其中，白酒是最具独特性的，而且头部品牌完全没有替代者。这是白酒的长期逻辑，当然现在看起来，有些遥远。但想想十年前，我们还在用的很多外国品牌，现在都已经被国产品牌替代了，这有什么不可能呢？

人类始终放弃不了对精神愉悦的追求，不管是几千年前的原始时代，还是物质高度发达的当代社会。这种对精神愉悦的追求，有很多种表现，音乐、美术、小说、电影、运动、美食、游戏等，都是这种追求的结果。什么都需要交换，有些愉悦要花费很大的成本，如去环游世界；有些愉悦虽然看起来成本不高，但也需要很好的配合条件，如一个 80 岁的老人，想要踢一场激烈的足球赛。

有一种东西，随处可得、雅俗共赏，有钱没钱都可以自得其乐，那就是酒。酒的历史可以贯穿人类的整个文明史，在历史上发生过很多著名的事件，都与酒密切相关。譬如，商纣时代的酒池肉林，楚汉战争的起点鸿门宴，曹操和刘备青梅煮酒论英雄，宋太祖杯酒释兵权等。

不管你喜欢不喜欢，酒都是这个世界上最受欢迎的东西之一。**尤其是白酒，作为中国独有的品种和高度依赖品牌的产品，不必担心进口商品的冲击，也不必担心新企业对行业的搅局，甚至不必担心产品滞销会导致永久性损失。**各主要白酒企业守好自己的阵地，不断提升酒质以满足越来越富裕的国人，并拥有超高毛利率和提价权这双重抗通胀优势，白酒企业在商业模式上的优势确实独树一帜。

中国白酒的产量是不断下降的，但高端白酒的产量却越来越高，而且几乎每年都在提价，不但超过了通货膨胀，也超过了人均可支配收入的增速。茅台、五粮液的主要客群是高收入人群，我们没有明确的高收入人群的年化增速数据，但瑞士信贷（Credit Suisse）的一份报告披露：截至 2019 年年中，中国有 1 亿人跻身世界前 10% 的富人之列，美国则有 9900 万人。从绝对数量上来说，中国已经占据了高端消费的全球制高点。高端白酒的景气度，直接体现了消费升级的加速度，这也是几家白酒行业头部企业被长期看好的基本逻辑。酒文化的格调还在提升。

二、白酒股：最佳的商业模式

白酒股一直都是 A 股中的焦点所在。自 1994 年 1 月 6 日，山西汾酒在上海证券交易所挂牌上市以来，30 年时间里，白酒行业为市场打造了一批大牛股。有人称白酒股拥有 A 股中的最佳商业模式，主要原因在于以下四点。

1. 强大的品牌护城河

白酒行业的品牌护城河非常强大，很难有新进品牌跻身行业前列。事实上，现在的白酒品牌序列中，基本上是 30 多年前便已经形成的。这么多年来，茅台、五粮液、泸州老窖的品牌优势无可动摇，洋河、汾酒等白酒企业的主打产品，在各自的价位段中，也拥有绝对的品牌溢价。多少年来，一直有资本进入白酒市场，但不管是创立新品牌，还是收购现有的上市公司，都没有实现逆袭。长期形成的品牌印记，让白酒企业节省了大量的营销费用，也避免了很多行业经常出现的价格战。

2. 库存酒不会过期

和其他行业相比，库存酒不会过期是一个明显的优势。除了中高度酒产品外，所有的食品饮料都有保质期，服装会过季或过时，家电、汽车、消费电子产品等，则会受到技术迭代的强烈冲击。而白酒的产品属性决定了，存放几年反而口感更好。不管是厂家没有销售出去的存货，还是沉淀在渠道中的商品，只要能够度过行业下行周期，其价格不但不会折损，还有可能会增值，实现更高的销售价格。

3. 稳定而又超高的毛利率

白酒行业拥有超高的毛利率，有些高端白酒的毛利率甚至可以达到90%以上，普通白酒的毛利率也可以保持在50%以上。这种超高的毛利率，不仅可以让白酒生产企业完全忽略原材料上涨导致的成本风险，还可以保证即便在2013年那种极端环境中，主要白酒生产企业也仅仅是净利润下滑，极少出现亏损的情况。

4. 自由现金流充沛

白酒行业的自由现金流占比极高，各企业的净利润大部分都是自由现金，可以进行高比例的股利支付。2023年，绝大部分白酒企业的股利支付率超过了50%，这一比例还在持续提升中（见表1-1）。

有些行业的企业，即便看起来利润率和利润额都很高，但后期需要投入大量的研发费用以及设备或市场维护费用。而金融类机构，则需要保留大额资金来满足监管需要。这些企业真正的自由现金流，往往不像财报里的净利润数据那么耀眼，在利润增长和分配的稳定性上，和白酒行业有着明显的差距。

尽管有这么大的优势，但从2016年以来，白酒行业的产量仍然是持续下滑的，从高峰期的年产量1358万千升，下降到2023年的629万千升，降幅超过50%。

表 1-1 白酒企业股利支付率（2021—2023 年）

板块	简称	股利支付率（不考虑特殊分红）		
		2021 年	2022 年	2023 年
高端酒	贵州茅台	52%	52%	52%
	五粮液	50%	55%	60%
	泸州老窖	60%	60%	60%
次高端酒	山西汾酒	41%	50%	51%
	舍得酒业	21%	29%	40%
	水井坊	31%	30%	35%
	酒鬼酒	47%	40%	59%
区域酒和其他	洋河股份	60%	60%	70%
	今世缘	36%	36%	40%
	古井贡酒	49%	50%	52%
	迎驾贡酒	52%	52%	45%
	口子窖	52%	58%	52%
	老白干酒	35%	38%	62%
	金徽酒	34%	55%	60%
	伊力特	62%	115%	54%
	天佑德酒	36%	38%	69%

究其原因，除行业标准不断提高，以往市场上大量存在的调香型白酒（食用酒精勾兑酒等）被归属于配制酒，从白酒品类中剔除的影响外，更重要的是人口结构在发生变化，而且随着生活水平的不断提升，人们对酒类消费的多元化要求与日俱增。

近年来，不仅进口的红酒、威士忌和白兰地等烈酒的品类越来越多，啤酒、黄酒等也在不断高端化，这些都对白酒产生了明显分流影响。未来的人口老龄化趋势，更是让很多人对酒类产品整体看衰。可以说，我们看到的白酒企业业绩的不断走高，是因为这些都是上市公司，是行业内的头部企业，它们的经营表现，是行业内集中度不断提升的结果。从白酒的消费总量来看，未来还有不小的下降空间。这个现象被称为"少喝酒"，但这三个字的后面，往往都连带着另外三个字，就是"喝好酒"。"少喝酒、喝好酒"，这六个字合在一起，就是白酒行业如今的发展趋势。

在白酒产量逐年下降的大背景下，全国白酒企业销售收入从2019年开始，却一直保持着上升势头。其主要原因就是中高端产品的销售占比不断提高，并且通过提价实现了收入连续性上涨（见图1-1）。

全国白酒企业销售收入

（单位：亿元）

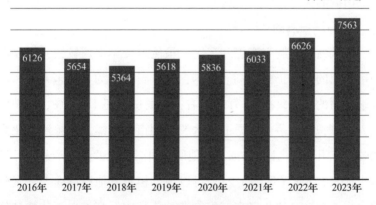

图 1-1　白酒企业销售收入

从2023年以来的市场表现来看，白酒行业的隐忧也开始在部分企业的报表上体现了出来。一些以次高端、中低端产品为营收主力的企业，普遍出现了库存明显上升、毛利率下降、营收和利润增速都大幅下滑的局面，有些企业甚至已经出现了净利润的大幅下跌。

受市场整体的消费降级因素影响，这个状况还在延续中，相对而言，以高端白酒产品为主导的企业，尽管业绩增速也在放缓，但经营的稳定性更佳，有时候甚至好到让外界怀疑其业绩的真实性。其实，白酒行业的最佳商业模式，更多体现在几家拥有量产性高端白酒的企业上。准确地说，就是贵州茅台、五粮液和泸州老窖这三家企业。

三、高端白酒的投资逻辑

在市场上行阶段，各家企业的表现都很优秀，但在逆市环境下，高端白酒的内在价值会体现得更加充分。相比普通白酒产品，高端白酒的优势有以下三点。

1. 高端白酒的稀缺性

高端白酒受制于产能和工艺，虽然近几年增速较快，但在全国市场上的占比仍然不高。全国白酒产量一年为600多万吨，而高端白酒的产量只有11万吨左右，市场份额还不到2%。以销售收入来算，贵州茅台占据了高达57%的市场份额，五粮液占比为30%，泸州老窖占比为7%，其他所有白酒企业的高端产品合计销售占比只有6%（见图1-2）。可以说，相对其他白酒企业，贵州茅台、五粮液、泸州老窖三家企业，依靠旗下高端白酒的稀缺优势，只要企业自己的经营不出大的偏差，抗风险能力会更强，受到的市场冲击会更小。

2. 高端白酒受人口数量型因素的影响较小

虽然我国人口增速在下降，未来也会迎来老龄化问题，理论上白酒的适龄人群（主力为35~60岁）的数量会逐步下降，但随着经济规模的不断扩大，高收入群体的规模持续增长，对高端白酒的需求仍然会保持上升态势。可以说，人口数量和结构的问题，对白酒行业的整体影响比较大，但对于高端白酒来说，核心影响来自于 GDP 的增速，以现在不到 2% 的总量占比，数量型因素的弱化，完全可以通过质量型因素来弥补甚至加强。

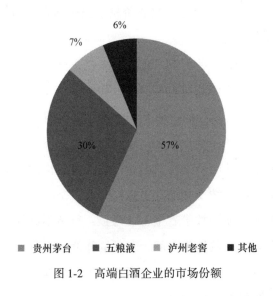

图 1-2　高端白酒企业的市场份额

3. 高端白酒在市场下行阶段，能够以量补价

市场总是有周期的，白酒企业在历史上，差不多每隔 10 年，都会经历一轮洗礼。最近一次，从 2021 年初的高点算起，大部分白酒股的股价都呈现腰斩状态，有些甚至腰斩之后又被腰斩。即便是五粮液和泸州老窖这样以高端白酒为主的上市公司，其估值也经历了 80% 左右的下跌。贵州茅台作为白酒行业的绝对龙头，其市盈率也从 70 倍跌到了 20 倍左右，回落到 2018 年底的状况。

出现这种杀估值的原因，一方面是几年前的泡沫太大；另一方面是随着消费降级，各家公司的利润增速普遍大降。更麻烦的是，很多白酒企业的库存都是在历史性高位，这种不透明的渠道阻塞，让投资者更加担忧。但即便如此，"茅五泸"⊖仍然都保持了一定的营收和利润增速，日子明显要比大部分酒企好过得多。其原因在于，高端白酒的消费基础雄厚，飞天茅台、普五、国窖1573 这样的品牌深入人心，只要价格上出现所谓"好价"，马上就会有人踊跃购买。

高端白酒的超高毛利率，决定了酒企完全可以通过量能的释放，以此来弥补价格的损失。但对于其他以次高端产品为主导的酒企来说，"茅五泸"的价格下调，是直接压缩它们的销售空间的。由于和高端产品相比，次高端产品品牌力明显不够，而且同质化竞品众多，其产品之间的内卷，是各白酒价位段中最为激烈的，相应企业的业绩受到的冲击也格外强烈。行情好的时候，企业通过提价和量能释放带着全行业赚钱；行情不好的时候，通过吃下一价位段产品的销售空间，来以量补价，这是"茅五泸"的独有优势。这一优势，是高端白酒数十年的品牌和工艺沉淀累积而成的，其他酒企很难动摇。

从 2024 年开始，各家白酒企业纷纷提升股利支付率，主要酒企都达到了 60% 以上，贵州茅台则已经超过了 75%。在很多时段，"茅五泸"的股息率已经优于某些传统红利股了，再加上它们在商业模式上的优势，足以吸引长期资金的密切关注。它们需要证明的，只是自己的利润不会负增长。

⊖ 贵州茅台、五粮液、泸州老窖三家酒企的简称。

独一无二的白酒

第二章

第一节　白酒的传统，不是传统的白酒

2022年3月的一个周末，有一则新闻炸了酒圈：国家发改委官方网站近日下发的通知显示，中国贵州茅台酒厂（集团）有限责任公司等142家公司的"国家企业技术中心"资格被撤销。对此有人认为，上述资格被撤销，对于茅台来说是一件好事情，"对于茅台来讲，应该是传承，越传统的东西越好。酒行业是一个越传统越受消费者认同的行业，它不是高科技。"

首先，我们需要确定，这个资格撤销，并不是说茅台酒的品质出了问题，完全是科研硬件没有达标所致。茅台酒近年来的酒质，还是一直保持稳定的，只是相比十几年前的茅台，窖香的比例高一些，现在更注重陈香，喝惯了老茅台的朋友，可能会对此有些意见。

其次，白酒行业现在的科技含量并不低。很多酒厂都在和各科研机构合作，在生物发酵、微生物学、生物化学、风味化学、酿造工艺学等方面，不断取得突破。同时，各家也在全面引进智能化酿造技术，确保酒质的稳定。酒企的科研硬件不达标，不代表其不借助外界的科研能力，只是有些事情不一定都由酒企自己来做而已。

至于传统，其实白酒的传统并不是很丰富，很多东西都是营销手段而已。白酒在新中国成立前基本都是小作坊在生产，工艺简陋，新中国成立前赖茅等几家作坊的年产量加在一起才几十吨。如今的酿造技术是在新中国成立后，经过一代代酿酒人的研究和

改良，才发展出来的。尤其是在 20 世纪 60 年代，周恒刚老先生带领全国的酿酒专家集体研改，才奠定了茅台酒的品质基础。到 80 年代的时候，茅台仍然是几大名酒中的一个，并无更多优势。进入 90 年代之后，季克良第二次当厂长，茅台酒从产量到质量全方位飞跃式提升，才有了今天的超然地位。不能否认传统，但白酒企业的传统真没多少年历史，最好的茅台酒就是过去这 30 多年里酿造的。

现在大家都习惯了白酒的香型划分，浓、酱、清是三大基础香型，这在早年也是没有的。新中国成立初期，白酒厂都是各个小作坊合并而成的，各家作坊即便做的酒风格相近，但各个师傅的手艺也不尽相同，所以酒质的稳定性难以保证。而且当时也没有香型的划分，评酒大会都是各种风格的酒混在一起。

集国家众多酿酒大师之力，1957 年做了泸州老窖试点，确定了浓香型酒的酿造工艺；1964 年做了山西汾酒试点，确定了清香型酒的酿造工艺；1966 年做了贵州茅台试点，确定了酱香型酒的酿造工艺。也就是说，直到 20 世纪 60 年代中期，白酒才有了真正的香型划分，才有了明确的工艺标准，而 12 种香型的确定都是 90 年代的事情了。也许几百年后，人们追溯白酒的传统，会把过去这几十年当成最重要的历史节点之一吧。

也有人说，中国的酒文化是一脉相承的，虽然白酒是在明清时期才真正发展起来的，但传统酒文化也是一种传承。其实古代的时候，中国人主要喝的都是黄酒或者米酒，其中黄酒的地位最高。受勾调技术限制，新中国成立前白酒的酒精度基本都在 60 度以上，口感过于粗烈，与传统的文人雅士喜欢的黄酒大相径庭，所以一直以来，白酒都被认为是"以劳力为主的下层人士"喝的，登不了大雅之堂。白酒与黄酒相比，高度蒸馏酒与发酵低度酒在技术上天差地别，在消费人群上也有明显区分，就像马车和汽车都是车，还都有轮子，难道我们要探讨它们的技术传承吗？

尊重历史，才是对传统最大的尊重。随着科技被不断应用，白酒酿造的工艺一直都在提升，最好的白酒就是现在出品的。当然，近两年白酒的热度高涨，有些酒企以次充好，导致其旗舰产品的酒质出现下降，那就是另外一回事了。

第二节　白酒是怎样酿成的

一、白酒的历史发展

白酒的起源是有争议的，从文物考古角度看，最早在西汉古墓中，就挖掘出了蒸馏器皿，但具体生产工艺就无从考证了。唐代时期，已经有蒸馏酒的出现，但当时的工艺只能生产出低度酒，和现在的白酒相差很大。元朝时期，从阿拉伯引进了关于蒸馏的新技术，大大提升了中国蒸馏酒的生产工艺，这是被大多数人认可的历史。在此之前，上至达官显贵，下至贩夫走卒，喝的主要都是低度发酵酒，以黄酒、米酒、水果酒为主，从元朝开始才有了高度酒的出现。

和现在白酒的地位截然不同，从元朝到新中国成立前，白酒始终处于非主流。当时的文人墨客，讲究的是细斟慢品，对更为猛烈的白酒并不被认可，主流品种还是黄酒。清朝时有诗为证，"黄酒价贵买论升，白酒价贱买论斗"，可见当时白酒的地位。这种态度一方面来自于数千年的文化传承，另一方面也和长时间里白酒的酿造技术不够成熟和稳定有关。新中国成立前，即便是现在家喻户晓的几大名酒，也都产于一个个小作坊之中，一年产量也就几十吨，生产条件极其有限。

白酒之名诞生于新中国成立后，从规模化生产、行业标准确定到酒质的全面提升，都是在新中国成立后经过几代酿酒人的不懈努力，才达到了今天的酿造水准。

新中国成立后到 20 世纪 80 年代，此期间物质条件有限，粮食是稀缺资源，还需要凭票供应，白酒自然也是稀罕物。好酒难寻，大部分人喝的都是散装白酒，很多都是以非粮食酿造（甘薯、木薯、马铃薯等，有些甚至直接用食用酒精勾兑）为主。80 年代至今的 40 多年间，中国创造了世界经济史上的奇迹，目前经济总规模已经高居世界第二位，人均 GDP 超过了 1.2 万美元。

巨大的财富积累，带来的是人们生活水平的全面提高。过去想的是吃饱，现在要的是吃好。几十年来，中国的餐饮业得到了巨大发展，各种菜系百花齐放，相应的酒类消费也越来越被大家看重。市场上能看到各种品牌和种类的白酒、啤酒、红酒、黄酒、威士忌、白兰地等，在不同的场合人们有了更多的饮用选择。但在大多数场合中，白酒的地位都是超出其他酒类的。尤其是婚宴、生日宴、庆功宴等比较正式的宴席上，消费的主要是白酒。

和普遍在 40 度左右的洋酒不同，中国的优质白酒，基本上都是 50 度以上的高度烈酒，难以自饮，必须要配菜才行。这样一瓶白酒就相当于一个杠杆，从白酒的消费量就能了解到餐饮消费的水平。很多时候，大家约朋友聚会不会说"吃饭"，而是说"喝酒去"。这个时候，白酒的意义已经不是餐饮范围了，而是具备了浓厚的社交属性。

目前，中国已经是世界上烈酒消费量最大的国家，占全球烈酒销售额的22%，其中白酒的比例为96%，拥有广阔的市场空间。作为白酒行业的绝对龙头企业，贵州茅台的销售额连续多年位居全球酒类品牌之首。在《2024年凯度BrandZ最具价值中国品牌100强》榜单上，茅台以872.98亿美元的品牌价值上升至第二位，成为榜单中唯一进入前十位的酒类品牌，堪称中国唯一的酒类奢侈品品牌。

2023年，我国白酒行业实现酿酒总产量629万千升，实现销售收入7563亿元，实现利润总额2328亿元。白酒的销售收入占了酿酒企业总销售收入的70%，利润占比则为88.58%。绝大部分著名白酒企业分布在西部、北部地区的中小城市，对当地的经济发展往往会起到至关重要的作用。

二、白酒的香型划分

白酒名列世界八大蒸馏酒行列，是中国特有的产品。从定义上来看，白酒是指具有以酯类为主体的复合香味，以曲类、酒母为糖化发酵剂，利用淀粉质（糖质）原料，经蒸煮、糖化、发酵、蒸馏、陈酿和勾兑而酿制而成的各类酒。

"白酒"的这个名称源自20世纪50年代的行业标准化用语，是以颜色标识来划分的，以有别于黄酒等其他酒类。在新中国成立初期，白酒是没有香型划分的。1964—1966年，全国各地的43名科研人员针对茅台酒开展了两期"茅台试点"，确定了"酱香、窖底、纯甜"三种典型体香型。1965年，轻工业部正式命名了酱香型白酒，而酱香型白酒的国家标准，是直到2011年12月才制定出来的。

1979 年 8 月，在大连召开的第三届全国评酒大会上，正式把白酒分为酱香、浓香、清香和谷（米）香四大基础香型和其他香型。在这四大香型基础上，后期陆续划分出 12 种主要香型，这 12 种香型是酱香型、浓香型、清香型、米香型、兼香型、凤香型、馥郁香型、老白干香型、芝麻香型、董香型、特香型和豉香型。后面的 8 种香型，都是由四大香型衍生而来的，具体关系如图 2-1 所示。

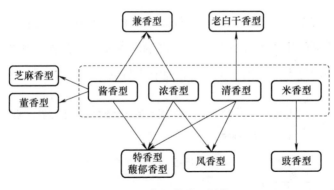

图 2-1　白酒的香型划分

12 种香型的确立，对中国白酒行业的发展至关重要。各地根据自身条件和消费群体的需求特点，在此基础上也开发出一系列风格不同的产品。但在经过了 30 多年的沉淀之后，很多酒厂在竞争中衰落了，一些香型的市场也越来越小。当前白酒市场的主流是酱香、浓香和清香三大香型，这是渠道覆盖全国的三大品类，其他香型基本都是以区域销售为主了。

2023 年，全国浓香型白酒的市场占比在 50% 左右，酱香型与清香型白酒的市场份额分别为 27% 和 15%。虽然近些年来，由于茅台的快速发展，市场上出现了酱酒热，酱香型白酒的份额占比增长很快，但就当下形势来看，未来很长一段时间内，白酒市场的主流还是浓香型。

在白酒三大香型中，酱香型白酒用的是石窖，石壁泥底，使用前要烧窖；清香型白酒用的是陶制地缸，每次都要用清水和花椒水进行两次清洗，这两种香型的白酒重要的是工艺。而浓香型白酒用的是泥窖，对窖龄格外看重，"千年老窖万年糟，酒好全凭窖池老"，窖龄直接决定着浓香型白酒的品质。从酿造周期上来看，酱香型时间最长，清香型最短，浓香型居中，这也直接影响了优质酒的出酒率（见图 2-2）。高端酒主要出在酱香型和浓香型中，品牌是重要原因，工艺上也是有支持的。

一、浓香型：45~90 天（代表产品：泸州老窖特曲、五粮液、剑南春、沱牌、洋河）

二、酱香型：近一年（代表产品：贵州茅台酒、四川郎酒）

三、清香型

①大曲清香：28 天左右（代表产品：山西汾酒）

②麸曲清香：4~5 天（代表产品：牛栏山二锅头、红星二锅头）

③小曲清香：7~30 天（代表产品：江小白、金门高粱酒）

图 2-2　三大香型白酒酿造周期对比

这里要格外提一下浓香型白酒的一大特点，那就是工艺流程决定了浓香型白酒的优酒率较低，即便是五粮液这样老窖资源丰富和酿造能力突出的名企，优酒率也只能做到 20% 左右，一些较新的窖池只能保持在百分之十几。这就导致每出产 1 吨优质酒，就会连带产出 4 吨左右的普通系列酒。这也是以浓香型白酒为主的酒企，会出现大量中低端系列酒品牌的核心原因。从某种程度上，这些泛滥的子品牌，对主品牌是有伤害作用的，会导致很多消费者分不清厂家的品牌系列，也容易被造假者所利用。

三、白酒的集中化趋势

历史上，由于物流不便，各地的白酒消费主要以地产酒为主。20 世纪 90 年代粮食配额放开后，全国各地大大小小的白酒厂星罗棋布，酒的品质也是参差不一，但经营效益基本都不差。近 20 多年来，随着交通基础设施越来越完善，以及物流发展日新月异，白酒产品的全国化步伐也是越来越快。主要白酒企业常年保持着较大的广告推广力度，产品形象早已深入人心。和其他消费品相似，如今在全国各地的超市和专营店的货架上，我们总是能看到那些熟悉的白酒品牌，这其中大部分都是上市公司旗下的产品。

在白酒行业中，品牌优势是企业最大的护城河，尤其是高端品牌。虽然有些酒企推出了比普五和 1573，甚至比飞天茅台更贵的产品，但有价无量，难以动摇这几大品牌的优势地位。近年来，白酒行业在产量下降的同时，呈现出越来越头部化的趋向。主要原因就是随着消费者对品质的要求越来越高，大型酒企的品牌优势越来越突出，产能也在迅猛扩张，导致越来越多的小酒厂无力经营，纷纷压缩产能甚至倒闭。

2023 年，20 家上市白酒企业的总营业收入占全行业的比例为 53.6%，总归母净利润的行业占比则为 66.8%。而在上市白酒企业中，规模最大的 5 家酒企——贵州茅台、五粮液、泸州老窖、山西汾酒、洋河股份的营业收入共计 3263 亿元，达到了上市白酒企业总营业收入的 80.5%，也占据了整个白酒行业 43% 以上的市场份额，这一比例还将继续提升。

头部白酒企业，不仅在白酒板块中优势越来越大，在整个酿酒板块中，其优势也是无可动摇的。2023 年，中国酿酒行业累计完成产品销售收入 10802.6 亿元，同比增长 9.3%；累计实现利润总额 2628.2 亿元，同比增长 7.6%。其中白酒行业实现酿酒总产量 629 万千升，同比下降 5.1%；实现销售收入 7563 亿元，同比增加 9.7%；实现利润总额 2328 亿元，同比增长 7.5%。啤酒行业实现酿酒总产量 3789 万千升，同比增长 0.8%；实现销售收入 1863 亿元，同比增长 8.6%；实现利润总额 260 亿元，同比增长 15.1%。黄酒行业实现酿酒总产量 190 万千升，同比增长 3.2%；实现销售收入 210 亿元，同比增长 2.1%；实现利润总额 19.5 亿元，同比增长 8.5%。葡萄酒行业实现酿酒总产量 30 万千升，同比增长 3.4%；实现销售收入 90.9 亿元，同比增长 4.8%；实现利润总额 2.2 亿元，同比增长 2.8%。

白酒的销售收入占了酿酒企业总销售收入的 70%，利润占比则为 88.58%，在全国各品类中具有绝对的主导地位。在白酒行业中，仅五粮液一家企业的营业收入就达到了 832.72 亿元，占全行业的 11%；利润为 302.11 亿元，占全行业的 12.98%，超过了全国白酒之外的所有酒企利润的总和。而与贵州茅台（2023 年营业收入为 1505.6 亿元，利润为 747.34 亿元）相比，五粮液还有着明显的距离，白酒龙头企业的规模优势可见一斑，行业集中化趋势越来越明显了。

第三节 高端白酒和白酒是两个领域

白酒行业被很多投资者视为拥有顶级商业模式。具有超高的毛利率，没有研发费用，存货不但不贬值还会增值，负债率很低而自由现金流很高，这些都是绝大多数行业难以企及的优势。尤其是主要酒企坐享超强的品牌护城河，40 年来，头部白酒品牌的排名序列基本都没有变过。但从 2021 年开始，白酒股已经走下神坛，出现了行业性股价腰斩情况。即便在有些白酒企业的业绩增长尚可，股价已经大幅下跌之后，仍然持续下跌。

在已经较低的位置继续大幅杀跌，只能说明一件事，市场对于白酒企业的未来前景并不看好。看衰白酒股的两个最主要的原因，一个是规模以上白酒企业整体产量从 2016 年的 1358 万千升，已经大幅降低到 2023 年的 629 万千升（由于 2023 年开始执行新的行业标准，按照剔除非白酒产品的可比口径，2023 年白酒产量为 449.2 万千升），而且仍有进一步下滑的趋势（见图 2-3）；另一个就是白酒销售渠道里库存积压严重，各公司报表暴雷的可能性在不断加大。

毋庸讳言，这两个问题都是现实的，白酒的整体销量下降确实是一个还在延续的趋势，白酒经销商 2024 年的压力也明显比前几年大很多。除了茅台，大部分白酒的出厂价和一批价都是倒挂的，需要厂家补贴或者加大年终返点，才能保证经销商不亏钱。但投资者由此担心上市白酒企业的业绩没有延续性，甚至质疑报表中数据的真实性，也大可不必。

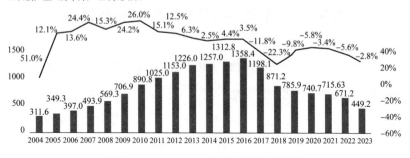

图 2-3　2004—2023 年白酒产量及增速

　　2016 年之后，虽然行业产量不断下降，但主要上市酒企的业绩一直保持了上升态势。2016—2023 年，上市公司在白酒行业的收入占比从 21% 提升至 53.6%，其中 CR5 占比从 17% 提升至 43%；上市公司在白酒行业的利润占比从 45% 提升至 66.8%，其中 CR5 占比从 40% 提升至 53%。一两家企业可能会引起怀疑，但上市公司整体保持了长时间的业绩增势，就不由得大家不相信了。

　　实际上，在过往几年时间里，白酒的行业标准在大幅提升，大批小酒厂开始退出市场，把阵地让给了拥有更多产品优势和品牌优势的上市公司。随着消费能力的提升，消费者也逐渐抛弃那些低价劣等的产品，买酒的时候也更加看重品牌，这就给了上市公司逆流而上的机会。

　　这几年，白酒行业供给侧改革不断深化，而且这个过程依然还在继续，而在行业库存压力大增的背景下，白酒的供给侧改革还会进一步触及某些上市公司。但对头部几家拥有高端品牌优势的酒企来说，完全可以通过以价换量的方式，确保自身业绩的稳定性。

贵州茅台做的是加法，千呼万唤始出来的提价，终于在 2023 年四季度落了地。这个通过价格提升增加的利润率，可以保证其在 2030 年新产能投放到市场之前，继续保持每年两位数归母净利润增速的可能。相对来说，五粮液和泸州老窖的处境就要难一些，毕竟茅台一批价与出厂价之间巨大的空间，在全世界范围内都是独一无二的。但五粮液和泸州老窖的品牌价值，也是茅台之外最被市场认可的，相对身后的其他酒企，还是有更主动的营销手段，来保证自己的行业地位的。

从公司财报和市场反馈来看，这两家公司都采用了降价放量的营销模式，虽然一批价处于几年来的低位，但高端酒的销量得到充分释放，仍然确保了相应的利润增速。普五和 1573 这样的标志性高端白酒，比市场零售价格低出几十到一百元，就会有很多人出手购买。这里面的很多人，即使现在没有饮用需求，也愿意在价格低谷的时候多囤几瓶，毕竟白酒有老酒更好喝，甚至能升值的特点。而对于酒企来说，虽然是把核心产品的价格降下来了，但通过产品放量，高端酒的结构性占比增加，反而能提升毛利率，最终保证整体利润的增速。

可对缺少高端酒资源的其他上市公司来说，普五和 1573 的降价，直接降低了各自产品价格的天花板，其中次高端和中端价位的产品竞争格外激烈，即便价格下调，销量也没法像普五那样被充分释放。有些全国性布局较好的酒企，可以通过增加经销商数量等方法，尽可能保持增长规模。而有些既没有品牌优势，又没有全国化覆盖能力的酒企，近年的业绩增速就出现了大幅下滑

（见图 2-4）。

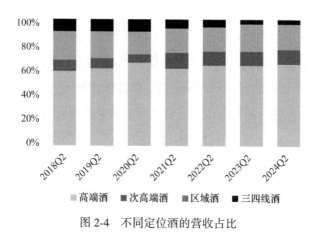

图 2-4　不同定位酒的营收占比

长期来看，GDP 增速也会因为规模原因逐步放缓，白酒行业的销量下降趋势还会延续，即便有一定的产品定价权，但随着各家酒企这几年扩充的产能不断被释放，次高端和中低端产品的竞争还会愈演愈烈。但从另一个角度来看，随着社会财富的不断累积，中高收入人群的数量也会不断增长，对高端白酒的需求不但不会下降，反而会进一步增加。虽然国内白酒企业，各家都有自己的高端产品，但能放量的高端酒，主要就是飞天茅台、普五和1573。"茅五泸"占据了整个高端白酒市场的94%，短期内还没有第四家酒企能跻身这个行列。

和很多行业一样，未来的白酒行业也会形成高端白酒与普通白酒的分化，越是困难的市场，越会加快这一进程。高端白酒和白酒行业正在表现出不同的行业特征，这是经济形势和产业发展趋势的引导，也是人口结构变化的必然结果。

第四节 寸土不让，锱铢必较：次高端的竞争格局

从价格区间上来看，白酒大致可以分为高端酒、次高端酒和大众酒三个类别。次高端酒是指价格为 300 ~ 800 元的产品，主要包括贵州茅台和泸州老窖的系列酒，以及山西汾酒、洋河股份及各区域龙头酒企的核心产品。五粮液在此价格带虽有产品布局，但销售规模不大。这个价位带的白酒，是头部酒企业绩的重要补充，对其他上市公司来说，则是主要的利润来源。如图 2-5 所示，从收入规模上看，次高端酒在 2023 年的销售规模约为 1475 亿元，低于高端酒的约 2341 亿元和大众酒的约 3142 亿元。对比之下，次高端酒有更高的成长速度，2016—2023 年收入复合增速在 30% 左右，快于高端酒和大众酒。

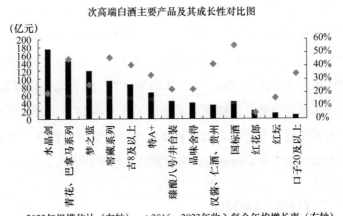

图 2-5 次高端白酒规模和收入增速

次高端酒中，销量最大的大单品是水晶剑，可剑南春酒厂并没有上市。在上市公司中，山西汾酒、洋河股份、古井贡酒都是次高端酒的主要出品者，泸州老窖窖藏系列的表现也很突出，弥补了国窖1573产能上的影响。由于企业规模的限制，品味舍得和酒鬼酒红坛等产品的销售总额看起来不高，但对公司的业绩增长还是起到了决定性作用。

一、高端酒涨价，为次高端酒提供了充分的提价空间

近些年来，由于八代普五和国窖1573处于千元价格带这个极具象征性的压力位上，尽管酒企提升了出厂价，但终端销售价格始终不能站稳千元大关。同时，大众酒市场虽然也保持了一定的提价速度，但毕竟单价低，消费者的价格敏感性强，加上低端白酒的毛利率比中高端白酒也要低很多，对业绩的增长速度还是有限制的。

次高端酒之所以在增速上能超过高、低两个价格段，在于其300~800元的价格空间中，与高端酒相比，弹性更大；与大众酒相比，消费者的价格敏感性更低。尤其是高端酒在2018年迎来量价齐升后，把600~800元的价格段空了下来，这给一些次高端产品创造了充分的提价空间。不少次高端白酒在过去几年持续提价，以百分比来算的话，其幅度甚至超过了普五和1573。这让山西汾酒、古井贡酒等上市公司的营收和归母净利润快速提升，其业绩涨幅大幅跑赢贵州茅台和五粮液这样的高端酒标志性企业。

二、白酒的消费属性

消费板块可以分为可选消费和必选消费两大类别。有些品类

的属性是比较清晰的，譬如米、面、肉、油等是必选消费，即便经济环境不佳，消费者购买量的变化也不会太大；而有些是可选消费，譬如家用电器、汽车、旅游等，消费量会直接受到经济环境的影响。

业内对白酒的分类是有些分歧的。有些机构会把它划到可选消费之列，而有些必选消费的指数中，也包括了白酒。虽然统一叫作白酒，但不同档次的产品，对消费者的意义是不一样的。我的理解是，白酒行业是一个集合了必选消费和可选消费两大产品属性的行业。其中大众酒的必选消费属性比较大，很多人喜欢自斟自饮，日常消费较多。而在婚宴、商务宴、节假日聚会等场景中，对于有些人来说白酒也是必需品。

高端酒的消费量和经济的活跃度关联密切，当商务活动较为频繁的时候，消费量会显著增大；而当经济增速放缓了，市场需求也会变小，宴席和礼品的数量自然就因此减少，其可选消费的属性就相对更大。当然，大众酒中也有很多是可选消费的，把高端酒当作必选消费的人也是存在的，上面的分类只是相对而言，并不是绝对的。

次高端酒在白酒的消费体系中扮演着承上启下的作用。它可能是某些人的口粮酒，购买始终不断，甚至会成箱囤积，常年储备，这是次高端酒的必选属性。而在一些中端商务活动里，次高端酒扮演的角色是和高端酒类似的，尤其是一些地方酒的标志性产品，在当地的餐饮中，经常有着超出价位段的品牌号召力，这个时候可选属性就会更大一些。

三、白热化竞争，业绩下滑最大的板块

虽然次高端白酒身具必选消费和可选消费双重属性，比起高端酒和大众酒来，其应用场景更加广泛，但近两年的业绩表现反而是三个价格段中最差的。从 2021 年下半年以来，随着房地产从投资端到销售端的全面萎缩，商务活跃度明显下降，高端酒遭遇了需求端的严重萎缩。但白酒拥有超高的毛利率，尤其是高端酒的毛利率基本保持在 90% 左右，面对逆市，酒企们有充分的空间通过降低实际售价的方式，来扩大自己的客群基础。即便有些酒企对外提升了出厂价，也可以通过销售费用为经销商提供返点和奖励，确保渠道能维持一定的利润。

从 2022 年开始，普五和 1573 的终端价格不断下降，整体降幅超过了每瓶 100 元，电商平台做"百亿补贴"的时候，甚至有低于 900 元/瓶的价格出现。而次高端白酒的很多产品，在市场好的时候，零售单价都在七八百元的区间，面对着头部品牌的降维打击，价格体系就只能全面下沉了。大众酒的地域性比较强，高端酒本身产能较少，厂家对经销商的话语权更大，所以这两个价格带的产品虽然都受到了消费大环境的影响，但业绩下滑速度还在可以接受的范围内。

在次高端白酒中，位于 300~600 元价格段的产品众多，竞争一直都很激烈。现在原来卖到七八百元价格带的产品，被普五和 1573 打回到 600 元以下后，竞争环境更是到了白热化阶段，堪称寸土必争、锱铢必较！可面对大环境的压力，在各种推广手段使尽后，各家除了提高销售费用，也只能靠降价这个最无奈的办法了。从 2024 年的财报来看，以次高端酒为主的酒企，每个季度的

销售都在下滑，除了光瓶酒优势较大的山西汾酒，和在本地拥有一定优势的古井贡酒、今世缘外，洋河股份、酒鬼酒、舍得酒业等纷纷出现了归母净利润的负增长，这和三年前相比，真有天壤之别。

四、做好库存管理，次高端酒的前景依然广阔

从长期来看，由于高端酒三大公司的产能受限，而且大部分次高端酒在本区域的品牌优势明显，等到经济周期恢复上行，其未来的发展空间仍然广阔。但次高端酒面临的库存问题，是各家酒企必须要重视的，如果一遍一遍重蹈覆辙，对企业经营和品牌形象都是严重损害。一些反复在库存问题上遭到反噬的公司，也有可能会出现逐步掉队的情况，被行业抛弃并不是危言耸听。

白酒的库存是品牌强势和产品存放期超长两大因素共同作用的结果。高端酒的品牌力更强，老酒价值更高，甚至由于长期持续提价，自身带有一定的金融属性，即便遇到市场下行周期，支持者也不一定就大量抛售，有些人还会趁着降价大量购买，做长期储备之用。而大众酒本身更接近于快速消费品，囤积价值不大。经销商的资金实力，往往也比以高端酒和次高端酒为主的渠道弱一些，其主动和被动加库存的意愿都不强。

库存压力最大的板块，就是次高端酒。尤其是某些酒企，在市场上行阶段还存在着与经销商联手托市的情况。即经销商在增加进货的同时，还会买入公司股票，这样公司报表上的业绩就会很好看，股价的涨幅完全可以覆盖库存增大产生的资金成本，这些货品是否能尽快卖出，经销商们并不是很在意。而这种现象，

会直接导致经销商的库存大幅超过正常水准，在股价和酒价下跌甚至大跌的背景下，其抛售动机格外强烈，有时候我们甚至可以看到极低的终端价格。

表现在企业的财报上，就是某个季度的销售数据会突然间暴跌，这往往都是渠道已经无力再压库存，酒企销售端出现崩溃的结果。这种情况出现的时候，只看报表不研究销售市场的投资者，可能会瞠目结舌，但对深入市场，对行业、对企业保持长期跟踪的研究者来说，完全是意料之中。

不追求短期业绩，严控终端放量，提升有效销售，这才是一家珍惜自身品牌，希望和投资者长期健康成长的酒企该做的事。如果说十年前技术不成熟，企业对渠道的掌控缺少有效手段的话，现在五码合一的应用已经非常广泛，虽然终端可能会做一些小动作，但大体情况酒企还是了解的。严控库存，是酒企（尤其是以次高端酒为主导的酒企）长期发展的关键因素之一。

作为消费之王，白酒的赛道会很长，即便在经济周期变化中出现了一些波动，白酒的韧性也会比绝大多数消费品表现得更强。这其中，次高端白酒虽然没有高端白酒的稀缺性，但总体产量更大，地域优势更强，仍然有坚实的价值根基。相对来说，高端酒看富裕人群数量的增速，大众酒看工薪阶层资产的增速，而次高端酒受中产阶层规模的影响更大。随着社会财富的逐步累积，未来会有更多人从大众酒消费升级到次高端酒消费，其客群基础还是在逐步扩大中的，值得投资者保持长期关注。

第五节 好喝不贵，大有作为：
光瓶白酒的市场现状

提起白酒，大家立刻想到的往往是茅台、五粮液之类的名品，实际上中国高端白酒年销量不过 11 万吨左右，只占了市场很小一部分。大部分白酒并没有那么高大上，尤其是经常出现在超市、便利店货架上的那些低价大众酒，是很多人的日常口粮酒。大众酒中最主要的部分是光瓶酒，这些酒没有包装盒，所有成本都在酒上，堪称物美价廉。光瓶酒的价格，大部分在每瓶 150 元以下，主力价格区间为 15~60 元/瓶（以 500 毫升计算）。价格适宜，很多口感也不错。它们有着很好的用户基础，保持了较快的增长速度。

一、光瓶酒的品牌集中度进一步加强

过去 10 年时间里，全国规模以上白酒产量从 2013 年的 1226.2 万千升，增长到 2016 年的 1358.4 万千升这一历史最高峰之后，便逐年下降，到 2023 年已经跌至了 629 万千升。7 年时间里，出现了腰斩。人们都在说"少喝酒，喝好酒"，看起来低端白酒的销售应该也会比较差了。但实际上，光瓶酒的销售额从 2013 年的 352 亿元，增长到了 2023 年的 1329 亿元，10 年时间里年化复合增长率为 14.2%。究其原因，在于"好酒"的概念对不同人群来说，也是不一样的。

在高端商务宴请中，飞天茅台算好酒；在婚宴中，五粮液算

好酒；家庭聚会时，国窖 1573、酒鬼内参、梦 6+算好酒；朋友小聚时，青花 20、智慧舍得、水晶剑都是好酒。同样，对于普通收入者来说，黄盖玻汾、尖庄高光和绿脖西凤也是好酒。在过去几十年里，几十元一瓶的光瓶酒，一直都被很多酒友当作优质口粮酒。

2016 年以来，白酒产量之所以大幅下降，缩减的主要是那些地方小酒厂的产能。曾经在各个城市里星罗棋布的本地酒厂，如今已经出现了全面萎缩，很多品牌正从市场上彻底消失。被玻汾、尖庄们取代的，就是这些地域性品牌。过往由于大厂的产能不足，交通运输的便利性不够，物流成本也较高，小酒厂还能凭借本乡本土的优势，占据一方市场。但随着铁路、公路的覆盖范围越来越广，大厂产能的快速增加，更优的品质、更强的品牌和相差不多的价格条件下，消费者的选择就可想而知了。

二、行业标准提升，大厂的产品优势更大

2022 年 6 月 1 日之后，按照国家市场监管总局（标准委）发布的《白酒工业术语》《饮料酒术语和分类》两项国家标准，白酒的定义为："以粮谷为主要原料，以大曲、小曲、麸曲、酶制剂及酵母等为糖化发酵剂，经蒸煮、糖化、发酵、蒸馏、陈酿、勾调而成的蒸馏酒"。这里明确了白酒必须是以"粮谷"为主要原料，"粮谷"是指谷物和豆类的原粮和成品粮，谷物包括稻谷、小麦、玉米、高粱、大麦、青稞等。

"新国标"还要求，即便生产工艺中需要添加部分食用酒精，也必须使用粮谷酿造的酒精。以往有的企业是用薯类生产的食用酒精进行勾兑，根据"新国标"，这样生产的酒将不再算是白酒。

包括配料表上，标有"食用香料"字样的产品，按照"新国标"将被划为"调香白酒"，不得再被称为白酒。

"新国标"出台后，不仅很多充斥市场的低端酒类产品，从此再也不能用"白酒"的名义出现，连一些大厂也不得不更改了工艺，这直接导致光瓶酒的底部价格整体上移，原来几元、十几元一瓶的产品，大批量从白酒的目录上被去除，行业主流产品基本都要在 20 元/瓶（以 500 毫升计算）以上了。这种底部价格的抬升，对大厂的光瓶酒来说，无异于一次供给侧清除，消灭了大量靠低价占据市场的对手。很多大厂不但继续提升原有主打产品的产能，还在不断研发出新款产品推向市场，光瓶酒的竞争焦点，正在从价格向品牌转变。

三、光瓶酒的领跑品牌在分化

"新国标"对光瓶酒原有市场格局的影响是立竿见影的。近年来，光瓶酒的第一阵营主要是牛栏山和汾酒。牛栏山的主力产品是白牛二，价位为 15~20 元/瓶，汾酒在光瓶酒上的主力产品是黄盖玻汾和红盖玻汾，售价为 50 元/瓶左右。由于"新国标"的执行，白牛二被划分到调香白酒行列，不再属于白酒，这对产品的销售造成了严重影响。而其母公司顺鑫农业 2023 年的白酒业务收入为 68.23 亿元，同比下降 15.86%，出现了上市以来的连续第二年亏损。相比之下，光瓶酒的另一龙头企业山西汾酒的数据，就要好很多。其年报里没有详细的产品细节拆解，但按照汾酒的产品分类，130 元以下为"其他酒类"，这基本上就是光瓶酒了。

2023 年年报显示，山西汾酒的"其他酒类"当年销量达到了

162430.53千升，同比增长了38.18%，产销率为89.78%，当年销售收入为85.3亿元，同比增长了20.15%。山西汾酒的"其他酒类"的销售收入已经明显超过了顺鑫农业，在竞争对手大幅下降的同时，山西汾酒继续保持了稳定增速，这对光瓶酒的头部格局，会产生深远的影响。牛栏山和汾酒的一降一升，具有强烈的典型性，表明行业原有的产品理念分歧，正在快速走向统一。未来的光瓶酒，一样要强调内在品质，低价竞争的主动性，正在一点点丧失。

四、光瓶酒的发展趋势

从很多年前开始，就有人在说"年轻人不喝白酒了"，这么多年来，白酒的产量确实在大幅下滑，上市白酒企业的业绩虽然高歌猛进，很多都翻了好几倍，但主要业绩贡献还是来自于中高端酒，受众群体的年龄段偏高。从白酒的行业角度来说，一方面要不断提升酒质，满足高端需求；另一方面，也要尽量扩大受众基础。而让更多年轻人愿意喝白酒，最有效的方式，就是提升光瓶酒的吸引力。而光瓶酒的消费特点决定了，绝不能去简单复制高端酒的成功模式，必须要走出自己的特点。

高端酒是白酒高端社交属性的一种展现，礼品属性和储存价值都是光瓶酒所不具备的。而光瓶酒更接近于快消品，以自饮为主，酒本身的口感和购买的便利性都非常重要。从目前光瓶酒的发展趋势来看，有以下五大特点。

1. 低度化明显

单就品质而言，还是高度白酒更能体现出产品精髓。但光瓶酒需要保持足够低的价格来适应客户，尤其是适应价格敏感度较高的年轻人。低度化不仅能大幅降低酿造成本，而且更适合白酒饮用经验较少的新受众。

2. 产品受营销影响更大

几年前，江小白依靠个性化营销横空出世，成为低端白酒的一个奇迹。虽然其热度后期有所减弱，但也给很多光瓶酒生产企业带来了很大启发。和高端白酒的品牌序列数十年不变有区别的是，光瓶酒虽然在逐渐强化品牌形象，但品牌与品牌之间的序列，远没有高端白酒那么严格。各产品受广告推广的影响较大，尤其是餐饮场所里的即兴消费，促销和场景营销对购买者的影响，远大于高端白酒。

3. 主力价位区间逐步上提

随着"新国标"的全面落地，白酒的门槛明显上升，主力入门白酒每瓶价格已经从几元、十几元，提升到 20~30 元。加上原有的玻汾等产品的不断提价，50 元档已经成为光瓶酒的主流价位。这个价位区间，还有继续上移的趋势，当然这也需要各家酒企的产品打造与之相适应。

4. 高品质光瓶酒加快推出

国人的生活水准在不断提升，消费能力也在水涨船高，各厂家接连推出了一些百元价位带的高级光瓶酒，有的厂家甚至出品了数百元价位的超高端光瓶酒产品。目前看来，虽然高级光瓶酒还不是主流，但光瓶酒的品质化和品牌化趋势是明确的，百元以上光瓶酒的市场份额也会逐步提升。

5. 光瓶酒一样可以大有作为

光瓶酒虽然容易被名酒的光环所掩盖，但这仍然是一个千亿元级别的赛道，并且一直保持着两位数的增速，正逐渐接近整个啤酒行业的营收规模。在高端酒品牌门槛太高，次高端竞争愈演愈烈的大背景下，各家酒企对光瓶酒的市场会越来越重视。但从营销推广的角度来看，由于市场环境一直较为宽松，白酒企业在产品内涵和形象包装上的能力，与啤酒、饮用水、咖啡、茶饮等完全竞争环境里的企业相比，还是明显弱了一些。目前，光瓶酒里的主导产品，依靠的仍然是多年沉淀下来的用户黏性，这给未来的市场竞争留下了很多想象空间。

谁能把光瓶酒打造成真正的快消品，谁就将在这个千亿元市场中占据主动。有些白酒的昙花一现，还是源于自身产品品质的不足。对于众多白酒名企来说，品质不是问题，问题还是在于思想深处的路径依赖。破个局吧，有大把年轻人在等着你的好白酒呢。

白酒股与生俱来的福与祸

第三章

第一节 白酒股的爆发力是把双刃剑

投资不是看谁某一阶段赚得多,而是看谁能赚得更久。经营企业也是如此,很多时候追求短期效益并不难,但如果这是建立在牺牲长期发展的前提下,那就是拔苗助长了。对于白酒行业来说,很多时候短期利益和长期利益是有冲突的,尤其是企业面临一些业绩压力的时候。

白酒股历来都有很强的爆发力,在牛市的时候哪次都落不下,尤其是在熊转牛的拐点阶段,经常前几天大家还广泛看空,没想到一转眼就大涨百分之几十了。不仅是股价,业绩也是如此。2012—2016年那段时间,绝大部分酒企的业绩都出现了大幅下跌,但之后几年便迅猛爆发,连续多年保持着高速增长。白酒股之所以有这样的爆发力,跟它的产品特色和品牌强势有直接关系。白酒是没有保质期的,越是老酒价值越高,别的产品大家都是喜欢买最新生产的,而白酒则是时间越长的产品越好卖。

由于品牌优势明显,白酒企业在和经销商的关系中,大部分都是占据主动的一方。各家酒企都是先收款,然后再分批次发货,有的时候厂家还可以根据市场动态,临时决定发不发货、发多少货,而渠道端往往只能被动接受结果。同时,2017—2024年,白酒行业的产量一直都是持续下跌的,但在产量腰斩的同时,销售收入仍然能够持续增长,利润增速更是大幅领先销售收入,这就是过去几年白酒行业出现的特殊状况。

究其原因,在于白酒消费群体的购买行为出现了重大变化。

白酒消费者越来越注重品牌，越来越看中酒质，中高端名酒一度出现供不应求的市场状况，行业整体利润结构，越来越趋向于头部化，大部分上市酒企的主要利润来源都是中高端产品。在市场上升阶段，这些产品每瓶提价几十元，对销售的影响并不大。

在这种大背景下，白酒行业在2017—2021年又重新进入了提价周期，在各上市公司的报表中，归母净利润增速普遍大于营业收入的增速，有些产品甚至一年之内可以连续提价，产品毛利率迅猛攀升。价格的不断提高，也让很多经销商有了囤货的理由，其纷纷从被动接货变成了主动争货。为了能拿到厂家更多配额，有些经销商有时候宁可大幅超出市场销售需要，来向厂家申请额度。在一定程度上，市场又开始出现了类似2012年之前的景象，渠道和个人囤积的存量产品越来越多，悬河现象又有再现的可能。这种现象直接指向了一个白酒行业的核心问题，那就是库存！**要理解白酒股的价值，先要理解酒企们处于什么样的周期中，而要理解白酒的周期，先要理解白酒的库存。**

很多人看好白酒股，其中很重要的一个原因，是白酒企业大部分都没有有息负债，资产负债表比较干净，在遇到景气周期下行的阶段，其出现严重爆雷的可能性要比很多板块小很多。

还有就是白酒的库存，不管是在酒厂内的，在经销商渠道中的，还是在社会上存放的，都不会过期。放得越久酒越好喝，越值钱。实际上，白酒企业虽然没有银行、保险、地产行业那么高的有息负债率，但库存实际上就是酒企们的杠杆，上涨的时候库存会大幅提升业绩，加大涨幅；而下跌的时候库存也会严重影响利润，加大降幅。因为库存的存在，白酒股的业绩在市场好的时候可以超预期得好，但在市场不好的时候，也可能会出现超预期得差。

因为在市场上行阶段，酒企为了冲业绩可以大量发货给渠道，而这个时候酒价往往都是上涨的，渠道也有主观意愿去囤积更多货品，来赚取市场差价，这是向上的爆发力。可一旦市场进入下行阶段，尤其是在酒价持续下跌的环境下，原有的库存就被迫集中抛向市场，形成价越跌越抛货、抛货越多价越跌的恶性循环，这是向下的爆发力。

近几年来，全国社会消费品零售总额的增速一直不高，消费降级的表现经常可见，以现有的恢复速度，虽然可以缓解白酒渠道中大量存量积压的问题，但并不足以从根本上化解，毕竟这是很多年不断累积的结果。

在白酒行业处于价格上行趋势的时候，很多经销商和个人，都希望通过囤积手段，在厂家提价的时候获取额外利益。但我们看到的各家酒企产品的批价，一直都没有恢复到2022年初的水准，那么存货者在此之前购买的产品，目前大都处于亏损状态。一旦长时间市场价格无法恢复，存货者因为资金周转或者贮存成本等问题，开始把存量产品大规模推向市场，这对行业的压力可想而知。前车之鉴，记忆犹新啊！

开瓶数据当然不会像营收和净利润那样引人注目，但能够集腋成裘，逐步从量变升华到质变，最终实现"C端"的核心价值。如果全国各家酒企，都能在指导思想上把销售导向转为消费导向，即便再遇到阶段性困难，以白酒的商业模式和盈利能力，也足以应对，不会再现2012年那轮行业性惨痛危机了。

每家酒企的经营情况不完全一致，从近几年各家的经营模式来看，大部分公司仍在延续过往的销售导向模式，虽然报表上的数据好看，但持续性始终是个问题。哪个行业会长期百分之几十地快速增长？哪个行业会在全市场遭遇严重困境的时候毫发无损？

虽然白酒行业具有高毛利、库存不过期、品牌集中化等多重优势，但任何行业都需要居安思危，在行业整体利润规模已经进入高位，经济整体增速日益趋缓的大背景下，即便从全行业角度来看，规模上仍然可以继续保持一定增速，但行业内的分化也在所难免。以后的白酒股，一部分拥有向上的爆发力，另一部分带着向下的爆发力，这两种相反的表现同时出现在行业内，也不是不可能的。

第二节 白酒历史上的灰色时代

在股市中，股价波动是常态。对于白酒行业来说，这种波动有时候是业绩变化主导的，但大部分时间里是估值变化在起作用。就像价格总是围绕价值波动一样，估值变化的核心原因也在于业绩。白酒高歌猛进的过程大家都比较熟悉，我们也需要了解一下行业处于困境的时候都发生了什么，正反对比有助于我们更深刻地理解这个行业。

在20世纪90年代之前，白酒行业一直都是供不应求的状态，主要限制是粮食配额，有些酒厂就曾经因为粮食供应不足，导致生产难以为继，这并不是需求所导致的。随着社会发展，从90年代开始粮食早已经不是制约条件，也不会有酒企再面临这样的问题了。

近30年来，从行业基本面上来说，白酒的行业性困局出现过三次，分别是 1998—2003 年、2012—2014 年、2021—2024 年（至截稿时，行情未完）。每一次危机出现，都是宏观环境的大周期和行业小周期共振的结果。从宏观周期上来看，先后次序是亚洲金融危机、2013 年左右的"钱荒"和从 2021 年开始的房地产危机。宏观事件大家都比较熟悉了，也有很多资料可以参考，本书主要剖析一下当时白酒行业的内在问题，对前两次困局做个梳理，对 2024 年仍然在延续的行业状况进行分析和展望。

一、1998—2003 年，朔州假酒案与消费税的影响

1998 年年初，山西朔州爆发假酒案，因中毒致死 27 人，一时间轰动全国。由此引发了全国性行业整顿，很多酒厂处于停产状态。更严重的是，这种重大事件让消费者对白酒的饮用安全产生了普遍质疑，消费需求急剧下滑。1997 年，全国白酒产量为 709 万吨，而到了 1998 年就暴跌至 573 万吨。很多酒厂在这次冲击中元气大伤，山西汾酒更是损失惨重，销售收入直接跌到了行业第九的位置，这是山西汾酒的历史最低排位。

朔州假酒案不仅对行业安全造成了严重影响，更像是一个导火索，引发了长达数年的行业性衰退。从 20 世纪 90 年代初开始，由于粮食限制彻底消除，人们的收入也在不断提升，白酒业迎来了全面爆发的年代。但当时主要酒厂的产能受限，无法满足急剧增长的社会需求。于是部分酒企一方面花重金在电视台、报纸等媒体投入广告，迅速打开了知名度；另一方面则从全国各地收购基酒，运到酒厂勾兑后贴牌销售。

这种简单粗暴的营销方式，确实促使部分酒企的销售业绩在短时间内出现了爆发性增长，但由于它们收购的基酒，大部分是

大酒厂的低端酒或是地方小作坊酿造的劣质酒,整体品质不佳,是靠着群体热度被推上去的。当朔州假酒案引发全国性的行业质疑时,热度迅速消散,其销售业绩自然也就一落千丈。但这些企业,由于常年保持着超高的推广费用,并且一直在快速扩大产能,不断通过增加负债来驱动销售。一旦销售端大幅下跌,便引发了一系列债务问题。到 20 世纪 90 年代末的时候,很多在 90 年代靠广告迅速崛起的酒厂,纷纷债台高筑,处于破产困境,这就让白酒行业陷入了更深的泥沼。

从 2001 年开始,白酒行业增加了从量税,改为从价、从量复合征税,同时还取消了外购酒抵扣政策,并对全行业进行查实征收。执行新税政后,白酒行业的从价税率为 25%,从量税为每斤 0.5 元。由于酒价差异较大,每斤 0.5 元的从量税,对当时出厂价一两百元一瓶的高端酒影响甚微,但对只有几元、十几元一瓶的低端白酒来说,压力明显要更大一些。部分低端产品的实际消费税率,由此大幅增加到 30% 以上,明显高于高端酒。

这一变革,对白酒行业的影响是非常深远的。自 21 世纪初以来,各家酒厂纷纷把核心产品的价格带向高价位区间转移,在原有产品序列的基础上,打造出一批高端品牌。我们现在看到的水井坊(2000 年)、国窖 1573(2001 年)、舍得(2001 年)、国缘(2004 年)等各酒企的高端品牌,都是在那个时期陆续面世的。消费税的影响过后,紧接着便是受到 2003 年"非典"的洗礼,这对以餐饮聚会为主要消费场景的白酒业来说,冲击自然是非常直接的(见图 3-1)。

1998—2003 年,除贵州茅台尚能保持增速,五粮液基本平稳外,大部分酒企的利润都出现了大幅的负增长,古井贡酒、水井坊等公司甚至还出现了年度亏损。好在 2003 年之后，随着入世和房地产爆发等多种因素带动，经济环境整体上越来越景气，白酒行业才重新走上了快速增长之路。

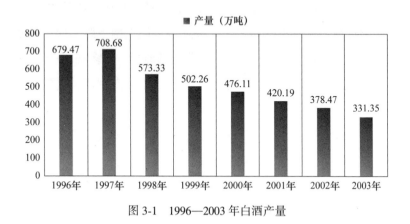

图 3-1　1996—2003 年白酒产量

二、2012—2014 年，"塑化剂"事件和限制"三公消费"的影响

贵州茅台在过去 10 年里股价涨了几十倍，很多投资者都是看着它涨起来的，可真正在里面赚到了大钱的人，又有多少呢？我们看到很多人因为长期持有贵州茅台而赚到了丰厚的收益，但在曾经的灰色时代，买茅台股票真的是很轻松的事情吗？让我们回顾一下，从 2012 年开始的那轮白酒上市公司历史上最惨痛的行业大变局，到底发生了什么？以史为鉴，才能让我们更好地理解当下的白酒股投资环境。

在 2012 年四季度之前，白酒上市公司们正处于有史以来最好的日子中。经过 2008 年的洗礼后，主要酒企从营业收入到归母净利润都出现了大幅上升。以贵州茅台为例，营业收入从 2008 年的

82.42 亿元增长到 2012 年的 264.55 亿元，归母净利润则从 37.99
亿元增长到了 2012 年的 133.08 亿元，涨幅都超过了两倍。

可两个堪称核弹级别的大事件，改变了酒企们的命运，让它
们在几个月的时间里，就从云端掉进了泥淖。一个是在 2012 年底
的时候，从国家到地方再到很多国企单位，陆续发布了一系列
"禁酒令"，严禁在接待中使用白酒。这对当时以政务消费为主导
的高端白酒，造成了釜底抽薪般的打击，并蔓延至整个行业。当
时，政务消费占了白酒行业整体消费的 40% 左右，高端白酒的占
比则超过一半。之后几年急转直下，到 2015 年的时候，政务消费
就只剩下个位数占比了（见图 3-2）。另一个则是在当年 12 月，大
部分酒企在产品质量检测中，都发现了塑化剂超标的问题，这主
要是生产工艺中使用了一些塑料制品的原因。后来虽然各家酒企
都对相应材料进行了升级更换，但负面影响已经被广为传播。

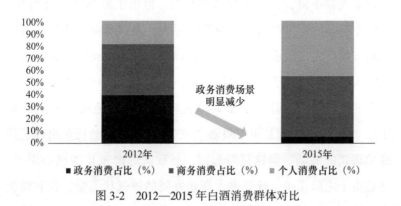

图 3-2　2012—2015 年白酒消费群体对比

"禁酒令"和"塑化剂"事件的同时发酵，对白酒行业带来
了严重影响。飞天茅台的批价在 2012 年上半年已经涨到了 2000
元，但后面急转直下，到 2014 年的时候已经跌到了 800 多元，和

出厂价相差无几（见图 3-3）。而其他白酒产品，基本上都出现了严重倒挂，经销商的批价普遍低于出厂价，即便这样，销售上也是困难重重。

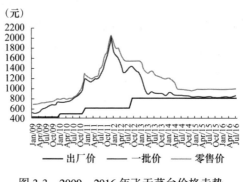

图 3-3　2009—2016 年飞天茅台价格走势

从 2012 年底到 2014 年，白酒行业整体销售收入的增速虽然出现了大幅下降，但还是保持增长的。但由于限制"三公消费"对以中高端酒为主的白酒企业影响更大，上市酒企受到的冲击要比地方酒厂大出很多。除贵州茅台以外，其他主要白酒企业的营业收入和净利润都遭遇了大幅下滑，白酒上市公司整体上出现了严重的信任危机，甚至很多人都在喊"白酒已经成为夕阳产业了"。表面看来，这是由于限制"三公消费"，白酒行业出现了釜底抽薪式的波动。但这只是起因，导致问题严重化的核心因素，还是由于之前几年，行业进入高速发展的景气状态时，各家酒企为了快速提升利润，不断扩张产能和提价，以达成短期业绩爆发的目标。而酒价处于快速上涨阶段的时候，经销商除了赚取渠道应有的利润之外，往往还积攒了大量囤货，以求得利益更大化。

譬如，在 2009 年每买进一瓶飞天茅台酒，三年后卖出时就能赚到接近 200% 的利润，这生意比单纯做销售可好太多了！所以在市场处于景气周期的上行阶段，不仅厂家愿意多销售，经销商更是愿意多囤酒，千方百计争取能从厂家那里拿到更多的配额，拿到了酒就是拿到了钱。由于白酒贮藏周期较长，大部分酒都是存放时间长一些，口感反而更佳。于是很多个人也开始成件地收藏白酒，既可以方便自己的消费，又是把白酒当成一种增值产品，意图得到更多的投资回报，一举两得。

这些行为的叠加作用，导致当时很多白酒企业的报表数据，虽然看起来非常靓丽，但终端开瓶率远远低于销售增速。大量成品酒淤堵在存量环节，如同高高在上的悬河一般，表面的火爆场景，掩盖不了行业危机越来越严重的现实。

万物皆有周期，当遭遇了"禁酒令"和"塑化剂"事件的巨大影响后，白酒的市场需求出现了大幅萎缩，终端零售价都是一降再降，这不断地压缩着经销商的库存利润，甚至会导致酒价倒挂，出现亏损。2013 年春节后，很多经销商或出于资金周转的压力，或担心酒价进一步下降，纷纷对外倾销库存酒，有时候为了卖得快一点，就一再调低价格甩货。而一些个人看到酒价快速下跌的时候，也会在二手途径抛售自己的收藏品。

这些因素集合在一起，就形成了明显的骨牌效应，原来上涨的时候囤酒赚钱有多快，现在下跌的时候酒价崩得就有多猛，最终就如大河决堤一般出现了崩溃性场景，这才是 2012 年开始的那轮白酒困局形成的根本原因。由于酒企的销售收入基本都可以在三季度提前确认完成，而"禁酒令"和"塑化剂"事件是四季度全面爆发的，2012 年白酒企业的业绩看起来还很靓丽，但到了2013 年，各企业从收入到利润的增速都出现了全面下滑，大部分企业出现了负增长（见图3-4）。

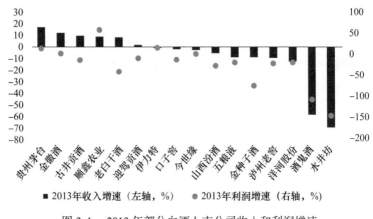

图 3-4　2013 年部分白酒上市公司收入和利润增速

　　当时的贵州茅台公司，除依靠品牌优势和客群基础雄厚外，全面降低了经销商的资格标准，并通过增加经销商数量、付款方式更加灵活、低价鼓励经销商多买酒等方式，勉强保住了净利润没有负增长（见图3-5）。而其他酒厂，没有茅台这样的品牌力和产品力，只能通过硬着陆的方式来应对行业危机，酒价、营收、利润均是大幅下降。等库存消化完毕，才迎来市场转机。

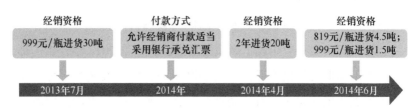

图 3-5　2013—2014 年贵州茅台经销商政策调整情况

这段时间（从 2012 年四季度开始到 2014 年上半年股价低点），贵州茅台的股价（前复权）从 160.47 元跌到了 79.74 元，呈现出标准的腰斩；五粮液的股价（前复权）从 25.85 元跌到了 11.31 元，跌幅为 56.2%；泸州老窖的股价（前复权）从 26.82 元跌到了 11.71 元，跌幅为 56.3%。白酒行业中的其他中小企业，股价跌幅就更大了，有些甚至超过了 80%。

这一轮白酒的行业性困局一直延续到 2015 年才企稳，当时房地产行业全面爆发带动了商务消费，而经过两年去库存的惨痛经历，囤积在渠道的存货大部分被消化掉，也触发了补库存的需求，白酒行业才重新迎来了上升趋势。

三、2021—××××年，本轮白酒的行业性困局的转机何在

从 2021 年下半年开始，房地产出现了行业危机，三年时间里，商品房销售额、房地产开发投资、土地出让金收入基本上都是腰斩，而且部分房企资不抵债，出现了大量的需要"保交楼"的项目。由于房地产直接和间接带动的产业大约占了 GDP 的近一半，在其快速下滑的过程中，大盘也出现了明显的降幅，白酒股也未能幸免。和前两次基本面与股价基本同步的特点不一样的是，这次白酒股是股价先大跌，然后基本面才逐步显现问题的。

原因就在于从 2021 年三季度开始，白酒股纷纷暴涨，不少白酒企业的股价在不到一年的时间里上涨了数倍之多。这就导致白酒行业的估值整体处于历史性的高位，虽然开始的时候基本面上还能保持一定的稳定，但估值已经先于业绩开始大幅缩水，由此触发了行业性股价大跌。

虽然白酒行业的基本面，在数据上的弱势表现是 2024 年才全面显露的，但之前就有很多迹象，表明行业压力在逐步升级。2022 年的时候，五粮液、国窖 1573 的批价就已经开始出现下滑，这一势头在 2023 年开始加速。这期间已经有酒企的业绩开始掉队，但大部分企业在 2023 年的营业收入和归母净利润还是保持了一定的增速。

进入 2024 年二季度，一贯坚挺的飞天茅台批价开始出现了明显下跌，尤其是在电商平台集中促销的时候，在巨额补贴的作用下，飞天茅台的批价一度跌到了每瓶 2000 元左右，比一年前下跌了近千元之多。从 2024 年中报开始，酒企们的业绩增速开始全面下降，到了三季报披露后，一些企业当季的归母净利润同比降幅已经扩大到百分之六七十，行业艰难彰显无疑。

这一轮白酒股的股价下跌，贵州茅台的跌幅略低于 10 年前那次，而五粮液和泸州老窖的跌幅都一度超过了 10 年前。那么，这次白酒行业遇到的问题，比 10 年前更严重吗？明显不是。如果说 10 年前是釜底抽薪，大多数投资者都在怀疑未来的白酒卖给谁，那么这次只是因为房地产下滑导致的社会性需求增速下降。和 10 年前那种同时杀估值、杀业绩、杀逻辑相比，2024 年主要白酒企业的业绩远比当年要好，据 2024 年三季度的相关财报披露，贵州茅台的归母净利润增速还保持在 15% 左右，五粮液和泸州老窖也在 10% 左右。

更为重要的是，随着科技的发展，酒企对渠道的掌控能力，远非 10 年前可比。目前，各酒企都做到了五码合一，五码合一是基于一物一码技术的一种高级应用形式，它通过在产品的多级包装上进行五码关联赋码改造，实现数据的紧密集成与同步。这五个码分别是盖内码、盖外码、箱内码、箱外码和垛码，它们分别对应不同的使用角色和应用场景，各司其职又相互关联，确保数据流通无阻。可以说，现在的酒企对渠道库存的数量和社会上没有开瓶的产品数量，是有明确跟踪记录的。近年来，各公司都在大力提升开瓶率，并根据市场去化情况阶段性控量保价，尽量减轻渠道和终端的库存压力。

这一轮酒企们也充分吸取了上一次的教训，全力维护酒价，最大程度保证渠道的收益。尽管除茅台外，其他酒企的出厂价基本上都低于一批价，但厂家会根据价差予以红包、返点奖励等费用支持，渠道的收益确实比不上前几年，但也还是可以维持的。最重要的是，只要批价稳定下来，渠道就可以和厂家一起控货，毕竟谁也不愿意折价销售。

从"茅五泸"的批价走势来看，飞天茅台2024年批价下行的速度较快，但仍大幅高于1169元的出厂价。而五粮液和泸州老窖的批发价，经过前两年的波动，在2024年表现相对稳定，这也从侧面验证了渠道并没有大量低价去库存的压力（见图3-6）。

这一轮很多白酒股的股价跌幅之所以比10年前更大，主要还是由于大盘的走势比10年前更弱。从2012年四季度到2014年年中，在白酒股走势最差的那段时间里，上证指数从2084点跌到了2048点，跌幅只有1.7%，而这一轮上证指数从2021年初的3474点，大幅下跌至2024年9月的最低点2689点，跌幅高达22.6%。我们从中可以清晰地看出，大盘环境对白酒股的影响是非常明显的。如果大盘稳定下来，从基本面和估值上来看，白酒股后期的修复空间还是很大的。

从2024年9月24日"一行一局一会"的讲话来看，后面对企业回购会进行全力支持，并历史性地提供了回购贷款。贵州茅台已经率先做出了表率，会进行超过30亿元的回购，并全部注销。其他动辄几百亿上千亿元现金在手的白酒企业，后面加大回购并注销的力度，也会为时不远。从2024年以来，各企业响应号召，纷纷加大了分红力度，白酒企业充分体现了自由现金流的优势，股利支付率（分红率）动辄高达百分之六七十（见图3-7）。

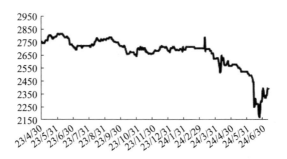

批发参考价：飞天茅台2023年飞天（散）（53度）、500ml

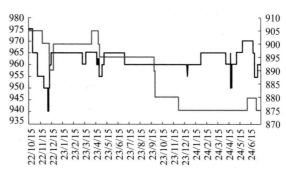

——批发参考价：五粮液普五（八代）（52度）、500ml
——批发参考价：泸州老窖国窖1573（52度）、500ml（右）

图3-6　飞天茅台、普五、国窖批发价波动对比

公司代码	名 称	2023年股息率	2023年分红率	2024年股息率（Wind一致预测测算）
002304.SZ	洋河股份	5.83%	70.1%	6.28%
000568.SZ	泸州老窖	4.18%	60.0%	5.10%
603589.SH	口子窖	3.93%	52.2%	4.53%
600702.SH	舍得酒业	3.94%	40.2%	4.41%
000858.SZ	五粮液	3.66%	60.0%	4.10%
600519.SH	贵州茅台	3.48%	84.0%	4.06%
600559.SH	老白干酒	2.47%	61.8%	3.18%
603198.SH	迎驾贡酒	2.51%	45.5%	3.17%
000596.SZ	古井贡酒	2.40%	51.8%	3.09%
600197.SH	伊力特	2.37%	54.2%	2.98%
600809.SH	山西汾酒	2.28%	51.1%	2.88%
603369.SH	今世缘	2.22%	39.8%	2.69%
600779.SH	水井坊	2.53%	35.0%	2.78%
603919.SH	金徽酒	2.09%	60.0%	2.60%
000799.SZ	酒鬼酒	2.50%	59.3%	2.24%

图3-7 2024年白酒上市公司股息率情况（2024/8/12）

超高的股利支付率，加上股价的连续下跌，预计2024年年报发布后，以2024年9月中旬的价格来计算，贵州茅台和五粮液的股息率都会在4%左右，泸州老窖会在5%左右。这些股息率都是建立在各企业每股收益保持现状，不再增长的背景下的，属于较为保守的预估。如果相信"茅五泸"的业绩还会增长，就该知道在低利率时代，这些接近甚至超过10年期国债收益率两倍的股息率，会吸引多少资金的青睐了。

从估值和股息率的角度来看，白酒行业在2024年三季度末的时候，已经拥有了很大的安全边际，后面主要看宏观环境的稳定情况。而宏观环境的主要看点，则是房地产业是否能尽快止跌回稳。但不管经济大环境怎么变化，白酒行业，尤其是高端白酒板块仍然是具有长期增长空间的。从2021年开始的杀估值，对短期股价影响较大，但对长期投资者来说，却是提供了一个很好的建仓机会。

第三节 至暗时刻我们可以相信谁

投资是需要信念的，对投资者最大的打击，不是股价的大幅下跌，而是信念的坍塌。当底层逻辑土崩瓦解的时候，有些东西是毁灭性的。所以，对于每一个在市场上经历了长期洗礼的投资者来说，都有着至暗时刻，并不见得是亏掉了多少钱，而是他最信任的东西消失了。

从2021年初到2024年9月，白酒股经历了从天堂到地狱般的自由落体，砸碎的不仅仅是估值泡沫，还有那些持续了很久的安全感。在白酒行业上行阶段，很多人对行业充满信心，但这份信心往往不是来自对企业的理解，而是来自不断突破的股价，一旦市场逆转，很多人的心态就发生了根本性变化。

"别人恐惧我贪婪"这句话，几乎每个投资者都听说过，但绝大多数人都是在"别人恐惧"的时候"更加恐惧"，这是人性，每次都这样，不信可以去看看每一轮熊市在底部的成交量，从来都是一个谷底，从来都没有例外。熊市里不断下跌的股价，让很多人不断明白，原来自己的能力圈只限于牛市。更有很多人会发现，自己所谓的能力，不过是骑在了牛背上。在遭遇系统性市场和非市场因素的打击之后，市场情绪显得格外迷茫，不仅仅是悲观，更是找不到乐观的可能。

"爱"是比"恨"更伟大的力量，"善"是比"恶"更能持久的情感。面对复杂多变的世界，很多时候我们总会发现有些困难接连而至，但为了生存人们会竭尽所能，而为了所爱的人能够生存得更好，这份能量会更加强大。这就是人性，也是中国人深入骨髓的信念。多少年来，是这份信念让我们战胜了外敌，战胜了天灾，40多年里创造了历史上绝无仅有的经济奇迹。

入市十几年来，我经历了六轮熊市，不管是从2015年下半年到2016年年初的千股跌停和A股熔断，还是2020年年初连90岁的巴菲特都没见过美股熔断，每次面对股市的至暗时刻，我都是兴奋多于忧虑。我坚信勤劳、智慧的国人，会通过自己的坚韧和努力来改变所有的逆境，这是在过去几十年里被反复证明过的。

当我们看到过去几十年里一直被人仰视的境外品牌一个个被中国制造压倒，甚至淘汰出市场的时候，当我们发现国人在生活中购买国货已经成为毫不犹豫的选择的时候，当十年前都很难想象的中国汽车、中国手机站在世界之巅的场景出现的时候，我们绝对没有理由不相信我们的经济、我们的市场、我们的上市公司会变得更好！

消费品是终端产品，金融股会因为政策导向而大涨特涨，科技股会因为行业周期而迅速爆发，消费股则需要更明确好转的经济数据，才会迎来自己的趋势反转。但只要我们相信几年后的生活环境会比现在更好，那么就没有理由怀疑作为消费之王的白酒，会长期低迷不振。很多人经常感慨某些投资人的成绩，只不过是来自于 2013 年买了很多贵州茅台，但在那个时候，白酒正遭遇着行业性的普遍看衰，在最艰难的时候敢于重仓并持有的人，再好的投资收益，也都是他们应得的回报。

当贵州茅台们的股息率，已经超过某些传统红利股的时候，是白酒行业的至暗时刻，但这也就是投资者梦寐以求的最佳击球区。相信"相信"的力量，做出正确的选择，然后让时间来证明你的信仰吧。

第四节　我是如何理解贵州茅台的信任危机的

在投资生涯中，每个投资者都难免会遭遇一些突如其来的事件，尽管有些时候是个机会，但当时发生的时候，人们也经常被各种信息所干扰，常常在惶恐中犯下错误。

下面这篇文章，是我在 2024 年 6 月下旬写的，当时贵州茅台的股价在一个多月的时间里，从 1700 多元快速跌到了 1400 多元，主要原因是飞天茅台的批价在不到一个月的时间里，从每瓶 2500 元直线滑落到了 2100 元出头。这是飞天茅台自 2018 年以来的批价最低点。一时间各界议论纷纷，很多人都认为茅台大势已去，甚至看衰飞天茅台会就此跌破 1169 元的出厂价，将像其他白酒企业那样出现出厂价与批价倒挂的情景。

这篇文章就是从几个主要角度，对当时的茅台进行了深入分析，判断阶段性批价下滑的势头不会持续。事实上，从 2024 年 7 月初开始，飞天茅台的批价就一路回升，重新涨到了 2400 元上方。而贵州茅台的股价后面虽然短暂滑落到了 1200 多元，但后面强力反转，年内股价最高涨到了 1910 元。

从历史上来看，消费板块会比政策性板块的反转来得慢一些，茅台的酒价和股价也许还有波折，但对市场的理解不能依赖情绪，希望下面这篇文章的分析方法对大家有借鉴作用，再次遇到类似情形的时候，大家可以结合当期的数据和市场变化，做出正确的判断。

原文如下：

2024 年 6 月，飞天茅台的批价持续下跌，2024 年的散飞从 2520 元跌到了 2140 元（截至 6 月 23 日），跌幅为 15.1%；与之相伴的是贵州茅台的股价从 1615 元跌到了 1471 元，跌幅为 8.9%。从历史来看，贵州茅台的股价，大多数时间里，都和飞天茅台的批价是呈正相关的（见图 3-8）。

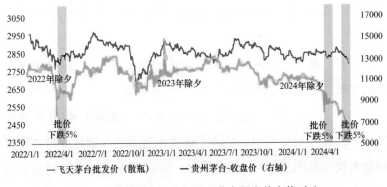

图 3-8 贵州茅台股价与飞天茅台批发价走势对比

从 2021 年下半年开始，随着房地产的持续低迷，大部分行业的需求都出现了不同程度的消退，茅台酒虽然是护城河最宽的产品，但也难免会受到冲击。6 月以来，茅台酒价的持续下跌，不但导致了贵州茅台股价的连创新低，也引发了整个白酒板块的下跌，甚至带动大盘跌破了 3000 点。可以说，本轮下跌的主线之一就是白酒，而白酒的主线就是茅台，茅台不止跌，大盘就没法企稳！

彼时，大家对茅台的悲观情绪已经蔓延至全网，各路声音里已经很难听得到乐观预期。很多人不但认为茅台的酒价会很快跌破 2000 元大关，而且会一直跌破 1499 元的指导价，甚至是跌破 1169 元的出厂价。理由是在 2012—2014 年那轮白酒行业整体大崩盘中，茅台的酒价曾经就跌到过 800 多元，已经很接近当时 819 元的出厂价。如果仅是对数据进行简单罗列，一切都有可能。但我们要清晰地看到，10 年前那轮白酒行业变局，核心是限制"三公消费"。对于当时的白酒来说，尤其是以对公消费为主的茅台来说，无异于釜底抽薪，仓促之下，毫无应对手段，只能靠着扩大经销商队伍，不断增加渠道库存来勉强维持。

当时，在"茅五泸"三家里，只有飞天茅台一直保持了出厂价的底线，而五粮液和国窖 1573 的出场价都是一降再降（见图 3-9）。结果，在三大高端白酒企业中，也只有贵州茅台在 2012—2014 年的低谷中，保持了营收和利润的双增长，另外两家都是大跌（见图 3-10）。也就是说，面临行业性困境的时候，贵州茅台还是比其他酒企更具有经营优势的。可在 6 月的三大酒企价格变动中，我们却发现一个有趣的现象，那就是这一轮是飞天茅台的酒价在独自下跌，而五粮液和国窖 1573 元的批价却基本上没有变化（见图 3-11）。

	飞天茅台		五粮液		国窖1573	
	出厂价（元）	提价幅度	出厂价（元）	提价幅度	出厂价（元）	提价幅度
2012/9/1	819.00	32%				
2013/2/1			729.00	11%		
2013/8/31					999.00	12%
2014/5/19			609.00	−16%		
2014/7/25					560.00	−44%
2014/11/5			605.00	−1%		
2014/11/17			729.00	20%		
2014/12/19			609.00	−16%		
2015/1/31					620.00	11%

图 3-9　"茅五泸"三家出厂价格对比

	营收CAGR	利润CAGR
贵州茅台	10%	7%
五粮液	−12%	−23%
泸州老窖	−32%	−55%

图 3-10　"茅五泸"三家营收和利润对比

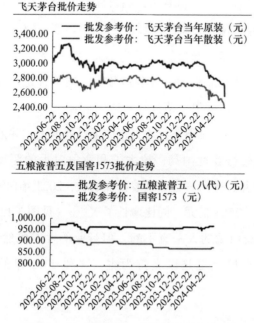

图 3-11　"茅五泸"三家批价走势对比

再怎么对白酒悲观的人，也不会认为五粮液和泸州老窖比贵州茅台的经营现状更好吧？那么，为什么会有这样的现象出现呢？贵州茅台是被错杀吗？现在买贵州茅台，是机会还是陷阱？我们从以下几个方向来分析，让大家更加深刻地理解白酒行业，尤其是茅台现在的处境。

贵州茅台不好的时候，绝大多数股票的表现会比贵州茅台更差！深入理解茅台，对于理解所有白酒股、消费股，甚至对于理解整个大盘的来说，都是至关重要的。

一、白酒行业的现状

要理解贵州茅台的现状，首先要认清白酒行业的现状。由于飞天茅台是唯一终端零售价格超过每瓶2000元的量产品牌，贵州茅台无论营业收入、毛利率还是归母净利润规模等主要数据，都长期位于行业首位，大家已经对茅台的行业领导地位习以为常了。但贵州茅台也不是一开始就是行业龙头的，历史上由于茅台的产能一直受限，虽然品牌力一直独占鳌头，但不管是营收还是利润的规模，在很长时间里，茅台都不是行业第一。

直到2012年，贵州茅台才真正成了行业老大，并借助2013—2014年白酒的行业性困局，拉大了和竞争对手的距离，直至今日。过去10年，茅台一直引领着行业成长，2023年白酒行业的营收已经达到了7563亿元，同比增长了9.7%（见图3-12）。虽然近些年来，看衰白酒的人一直不断，但行业的发展仍然是稳健的，没有过激，管控上也是以支持为主，这和2012年的状况完全不同。

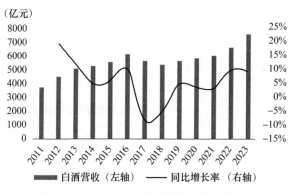

图 3-12　2011—2023 年贵州茅台营收情况

再看一下宏观大环境：2024 年前 5 月，社会消费品零售总额同比增长 4.1%，其中烟酒类增长了 11%，远远跑赢其他板块（见图 3-13）。

指　　标	5 月		1~5 月	
	绝对量（亿元）	同比增长（%）	绝对量（亿元）	同比增长（%）
社会消费品零售总额	39211	3.7	195237	4.1
其中：除汽车以外的消费品零售额	35336	4.7	176707	4.4
其中：限额以上单位消费品零售额	14988	3.4	73858	4.0
其中：实物商品网上零售额	—	—	48280	11.5
按经营地分				
城镇	34111	3.7	169418	4.0
乡村	5100	4.1	25819	4.7
按消费类型分				
餐饮收入	4274	5.0	21634	8.4
其中：限额以上单位餐饮收入	1215	2.5	5858	5.9
商品零售	34937	3.6	173603	3.5
其中：限额以上单位商品零售	13773	3.5	68000	3.9
粮油、食品类	1615	9.3	8499	9.3
饮料类	256	6.5	1260	6.5
烟酒类	422	7.7	2550	11.0

图 3-13　2024 年 5 月社会消费品零售总额主要数据

由于当下还处于相对通缩的环境中，2024 年前 5 月，食品类的消费价格同比下降了 2.8%，而酒类只下降了 1%，在板块中跌幅也是相对较少的（见图 3-14）。

	环比涨跌幅 （%）	同比涨跌幅 （%）	1~5 月 同比涨跌幅 （%）
居民消费价格	-0.1	0.3	0.1
其中：城市	-0.1	0.3	0.1
农村	-0.1	0.4	0.1
其中：食品	0.0	-2.0	-2.8
非食品	-0.2	0.8	0.8
其中：消费品	-0.1	0.0	-0.4
服务	-0.1	0.8	1.0
其中：不包括食品和能源	-0.2	0.6	0.7
按类别分			
食品烟酒	0.0	-1.0	-1.5
粮食	-0.2	0.5	0.5
食用油	-0.3	-5.1	-5.2
鲜菜	-2.5	2.3	-1.8
畜肉类	-0.4	-2.2	-5.0
其中：猪肉	1.1	4.6	-3.3
牛肉	-3.6	-12.9	-9.2
羊肉	-1.2	-7.5	-6.1
水产品	-0.1	0.1	0.5
蛋类	2.2	-7.4	-7.7
奶类	0.0	-1.7	-1.4
鲜果	3.0	-6.7	-7.6
卷烟	0.0	1.1	1.2
酒类	-0.2	-1.3	-1.0

图 3-14　2024 年 5 月居民消费价格主要数据

中国白酒和其他国家的烈酒饮用场景有很大不同，威士忌、白兰地等以单饮为主，而白酒主要是配餐的，其消费量和餐饮收入直接相关。2024 年前 5 个月，全国商品零售额为 173603 亿元，增长 3.6%；而餐饮收入 21634 亿元，增长 5%，明显领先商品零售额（见图 3-15）。

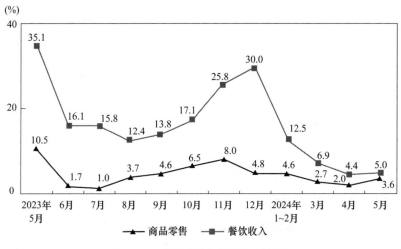

图 3-15　商品零售和餐饮收入对比

以上数据充分表明，虽然受制于房地产的低迷，但白酒行业的发展环境整体上还是健康的，虽然各主要数据指标并不是非常亮眼，但还是保持了一定增速。

从白酒生产企业经营指标变化来看，2024 年一季度，规模以上白酒企业完成总产量同比增长 6.0%，销售收入同比增长 13.8%，净利润同比增长 13.1%。而 2023 年，茅台、五粮液等领先的 T9 品牌，已全部迈入 200 亿元销售门槛，占据了超 50% 的市场份额，其利润额也实现了高达 17% 的同比增长。当下的白酒行业，不管是宏观上、微观上还是在结构上，都不具备像 10 年前那样大崩盘的条件。作为行业内的绝对龙头，在出厂价和零售价之间具有极大缓冲空间的茅台，当前的酒价不具备大幅下跌的空间，对贵州茅台 2024 年 15% 的营收增长目标，更不会有任何动摇。

二、本轮茅台酒价大跌的原因是什么

既然宏观没有大问题，那么为什么 2024 年 6 月以来，茅台酒的批价会如此低迷？核心原因在于"6·18"！电商平台对价格的影响，集中发酵了！经过"百亿补贴"，飞天茅台的价格在电商平台上，已经跌到了 2200 元（6 月 23 日价格）。这个价格，电商平台也是没多少利润的，但 2024 年的"6·18"比往年都要冷清，用茅台导流，也是一种提振人气的有效方法。从 2019 年以来，"6·18"的成交一直都是步步高升，但今年只有 7428 亿元，历史上首次出现负增长。

可借助飞天茅台超低的价格，白酒板块的成交出现了大爆发，茅台的成交同比增长了 300%！这和"6·18"的整体销售状况形成了鲜明的对比，一大主导因素，就是飞天茅台的超低价，极大地带动了酒类商品的流量！流量有了，但酒价却连续下跌，并经过各个无孔不入的媒体、自媒体的有意引导，形成了全网喊跌的负面循环。

这其中，还有一个推波助澜的环节，就是黄牛。由于 2024 年的补贴力度大，电商的成交数量大涨，很多店家在黄牛处的拿货数量也同时大增。但借助电商发货时间（可以达到 20 天）的错配，部分店家有意控量，导致已经大量囤货的黄牛不得不低价倾销，最终形成了踩踏效应，导致终端价格一降再降。这是酒价部分，对于股价来说，还有一个负面因素，那就是从 2024 年 6 月 7 日到 6 月 20 日，受汇率影响，北上资金连续九个交易日出现净卖出，作为其重仓的白酒板块，卖压之下，也出现了整体股价大跌。

三、贵州茅台的护城河在哪里

和 2012 年那轮以对公为主的消费特点不同，如今的茅台酒是以商务消费和高收入家庭消费为主导的。虽然地产低迷，对商务消费的影响较大，但毕竟 GDP 还在增长，这就是对贵州茅台最大的支持。

"我们每年都会换行业来关注和换重点来维护。之前我们维护的是医药、能源矿山和房地产行业，但是这些年我们就做的是高科技行业，因为这些行业既有国家的补贴，又有大的环境的支撑和支持，用酒量很大，远远超出一些传统行业的用酒量。"

上面这段话，是从泸州老窖的一篇调研访谈中摘录的，由此可见，高端白酒不仅仅是地产行业在消费，高科技行业一样需要。短期内，地产行业的空间还无法被完全填补，但随着中国新质生产力的大幅提升，商务消费一样可以稳步增长。

我们再看一下招商银行发布的《2023 中国私人财富报告》中的一段话："2022 年，可投资资产在 1000 万元以上的中国高净值人群数量达 316 万人，人均持有可投资资产约 3183 万元，共持有可投资资产 101 万亿元，2020—2022 年年均复合增速为 10%。"该报告预计，未来两年，中国高净值人群数量和持有的可投资资产规模将以约 11% 和 12% 的复合增速继续增长。

虽然人口红利已经逐步消退，但中国的高净值人群红利仍然在增长。从招行的报告里可以看出，高净值人群的年均复合增速，是大大超过 GDP 增速的。茅台终端酒价的下降，对促进这部分人群消费数量的增长，反而是件好事。只要经济还在不断增长，商务消费和高净值人群消费就会一直延续。人们对美好生活的向往是不会变的，茅台酒会是这个向往中的一个标志性环节，这是贵州茅台真正的护城河。

四、白酒股的投资机会

前面讲了对贵州茅台酒价和股价的不利影响，如今"6·18"已经过去，"百亿补贴"进入尾声，美元对人民币的汇率也已经进入历史性高位，这些敏感性因素的影响正越来越小。后面市场会逐步进入正常状态，不管是酒价还是股价，压力最大的一段时间已经过去了。但从近期遍及全网的负面声音来看，白酒股的短期压力还是不小的，这就是索罗斯所说的反身性。白酒股的股价还有下行可能，但低位杀跌，正是最好的布局时刻，大家可以根据自己的预期持仓周期和风险承受能力，来把握投资时机。

图 3-16 反映的是主要白酒股的估值情况。作为拥有最佳商业

公司代码	名称	2024/6/21 股价	EPS			PE		
			2024E	2025E	2026E	2024E	2025E	2026E
600519.SH	贵州茅台	1471.00	69.85	81.13	93.85	21.06	18.13	15.67
000858.SZ	五粮液	130.20	8.75	9.91	11.28	14.88	13.14	11.54
000568.SZ	泸州老窖	150.09	10.88	13.08	15.60	13.80	11.47	9.62
600809.SH	山西汾酒	217.00	10.60	13.01	15.94	20.47	16.68	13.61
002304.SZ	洋河股份	85.25	7.09	8.01	9.19	12.02	10.64	9.28
000799.SZ	酒鬼酒	48.82	1.50	1.83	2.25	32.55	26.68	21.70
600702.SH	舍得酒业	64.60	6.01	6.88	8.00	10.75	9.39	8.08
600779.SH	水井坊	40.01	2.98	3.51	4.13	13.43	11.40	9.69
000596.SZ	古井贡酒	220.64	10.91	13.64	16.78	20.22	16.18	13.15
603369.SH	今世缘	47.66	3.07	3.79	4.57	15.52	12.58	10.43

图 3-16 主要白酒股的估值情况

模式的消费股，拥有极低负债和极大现金流的企业，白酒股当下的估值，已经处于历史较低位置了。先不说茅台，五粮液和泸州老窖 2024 年的预期 PE，都已经低于 15 倍，它们目前的股息率也都在 3.6% 左右，甚至还高于某些所谓的红利股。这里即便不买入，也绝不是卖出的地方。

五、白酒股当下的投资原则

（1）高端白酒股优于普通白酒股，在行业下行时，高端白酒可以通过降价放量来维持业绩增速，而以普通白酒为主的企业，则受制于强势品牌的价格压力，营收和利润都难免会遭遇更大幅度的下滑。

（2）贵州茅台最为稳健，不用担心其营收增速，这都是计划出来的。五粮液和泸州老窖当下的股息率，也足以吸引长期资金的关注，但短期的下行压力会更大一些。投资者可以考虑在左侧或者右侧初期买入茅台，后面行情稳定后切换到泸州老窖和五粮液，以增大弹性。

（3）大盘在 3000 点之下，就是在底部区域，这也是我不会过分看低贵州茅台股价的原因之一。需求市场的低迷，已经反映在茅台当下的估值中了。

白马股的买入机会，往往都是在大利空的时候才有的，我们密切关注贵州茅台吧，市场上比它更优质的股票，真的不多。

第五节 ROE+高股息：股票真正的底线和期望

经常看到有人说分红没用，还得除权。分红就像是一只下蛋的母鸡，不断把鸡蛋分给你，这并不会影响它的下蛋能力，而我们在不改变对母鸡所有权比例的前提下，还拥有提升所有权的权利，可以得到更多的鸡蛋。反过来，在现实中一个人作为小股东跟别人合伙做生意，如果对方总是告诉他公司现在越来越值钱了，却一分钱都不分给他，这生意还能做下去吗？

2023年，在中特估行情的驱动因素中，一个很重要的因素就是高分红。市场对分红越来越重视，这是好事，A股的大起大落，很重要的一个原因就是过分关心股价而忽视分红，这是本末倒置。没事总想吃鸡肉，这是不可能把生意做久的，喜欢吃鸡蛋的人越多，市场就会越稳定、越合理，越有利于价值投资。

2023年之后的主题是经济复苏，但"保交楼"的工作尚未完成，数万亿元资金沉淀其中，从业人员的数量和收入也远不及过往，再指望能像2009年或者2015年那样快速恢复，是没法做到的，主题只能是温和复苏。加上外围环境不稳定，人民币贬值也让北上资金看淡了人民币资产。在这种状态下，高股息率个股会得到更多青睐。为什么2023年开始后，四大行的股价表现不错，沉寂了五年后开始重回聚光灯下，就是因为即便股价涨了百分之几十后，它们的平均股息率仍然在5%左右。

在没有更好的选择时，拿着大幅高于债券回报的股息，还享受着低估值可能被修复的预期，可谓进可攻退可守，这是部分中特估个股一年多来走势良好的原因。即便期间有些个股也曾出现较大幅度的下跌，但高股息就是它们的底，时间会让股息越来越多，这足以吸引很多长期资金进入。长期高股息，一方面源于企业自身的经营能力和自由现金流的充裕程度，另一方面也是由于股价的持续被低估。股息率和市盈率成反比，高股息基本上都出现在所谓的价值股中。这些企业往往是已经过了快速成长阶段，但在行业内处于较为稳定的位置，业绩增速虽然不快，但具有连续性，可以保证分红率和分红总量。

当然，我们也需要规避一些伪高股息个股。这种企业最典型的行为，就是通过高息借款或发债，甚至是低价增发来维持分红，取得短期的股价上涨后，大股东可以借此套现。**所以投资者拿到股息的时候，一定要确认这是出自企业的自由现金流，而不是高价借来的钱，分红绝不是只看数量的。**

拥有充沛的自由现金流的白酒企业，在此方面就有很大优势。过往，白酒股的估值一直都居高不下，动辄就是几十倍的市盈率，加上分红率也不是特别高，对白酒股的投资者来说，分红并不是最主要的考虑因素。但随着估值的全面回落，2024 年三季度，主要白酒股的市盈率已经低于 20 倍，进入了历史较低位置。而且近两年来，各家酒企不断提升股利支付率，现在大部分公司都能拿出 60% 的当年归母净利润来分配给股东，贵州茅台和洋河股份甚至分别定下了 75% 和 70% 的分红比例，这让白酒股的内在价值大为提升。

与其他主要高股息的板块，如银行股、保险股、电力股、煤炭股相比，白酒股还有一个优势，就是长期保持了较高的 ROE（净资产收益率），主要酒企基本都保持了 20% ~ 30% 的 ROE。ROE 又称股东权益收益率，是归母净利润与平均股东权益的百分比。该指标反映了股东权益的收益水平，用以衡量公司运用自有资本的效率。指标值越高，说明投资带来的收益越高。

尽管从 2022 年以来，白酒上市公司的业绩增速明显放缓，但行业整体仍保持着增长态势，随着分红比例的加大，各家酒企的 ROE 仍有能力持续保持在 20% 以上的高位，这在各行业中都是名列前茅的，截至 2024 年 10 月底，白酒上市公司的 ROE 大部分在 20% 以上，图 3-17 为贵州茅台的 ROE。

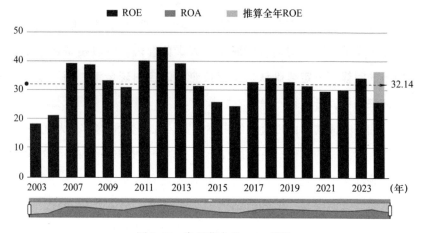

图 3-17　贵州茅台的 ROE 情况

　　白酒上市公司的股息率大部分都在 3% 以上。各家白酒企业的 "ROE+股息率" 基本都超过了 23%，头部企业甚至达到了 28% 以上，这个标准是全市场绝无仅有的。即便是对于白酒股来说，也只有在股价持续下跌后，市场才会呈现这样的数据表现。这是底部的坚实支撑，也是行业未来反转的期望所在。

估值是投资的根基所在

第 四 章

第一节　估值不是一种方法

看过很多估值的方法，也见过各种计算的模型，我一向不喜欢那些看起来很复杂，也似乎很精确的估值模式，越精确的东西一旦犯了错，错误的危害也就会越大。研究一个企业、一只股票，对于我来说首要对象从来不是 ROE、PE、PB 这样的指标，我也不会先找到它的历史估值等来做标准，以此判断现在估值的高低。

买股票就是买企业，在我们面前的是一个活生生的企业，而不是一堆数据的凝聚体。很多人对各种数据的处理了如指掌，但总是忘掉一家企业是有血有肉的。以数据为基础来推演数据，这只需要一个程序，投资哪里会这么简单！

估值最根本的前提，是企业的经营，而经营的核心是产品。所有的估值，必须要先考虑产品的生命周期和未来趋势。经营与估值的关系，就像是地基与建筑物，大家看到的那些雄伟大厦再壮观，如果地基出了问题，随时都可能坍塌崩溃。很多人入了股市，总想找到一些公式或者秘诀，以为学会了估值方法，就可以看清一只股票了。这种秘诀就像是空中楼阁，如果脱离了企业经营，其实质和看 K 线图做技术分析并无差异，就像用计算机来算命，一样还是算命。

估值，不是一个指标，也不是一个公式，它是一个体系，也只能是一个体系！这个体系所展现出来的结论很简单，连小学生都能看得懂，即便是那些看起来有些复杂的自由现金流折现公式，也比现在中学生的考试题简单多了。可这些看起来简单的东西，埋葬过多少博士、教授们的投资梦想？祖师爷级别的牛顿，也一样在股市上亏掉了自己十年的薪水，不得不感慨"我能计算出天体运行的轨迹，却计算不出人们的疯狂"。牛顿这句感慨，实际上说出了一个根本性问题，就是投资不是一种科学，它没有天体运行那样相对不变的轨迹，有的是时时刻刻都在变化的人心。不仅投资是如此，放到更大的范围，经济学本身就不是那种可以复制的科学。

所有的估值都是相对的，都是在变的过程中寻找那瞬间的平衡，并通过这种平衡，来判断后继的可能性变化。之所以如此复杂，在于数据本身可以有完美的计算，但产品和经营却总是充满不确定性，而更不确定的，是竞争、监管、技术迭代，甚至是人心的多变。**经营，有"To B"，也有"To C"，但从根本逻辑上来看，所有的"To B"实质上也都是"To C"**。需求改变着消费，而消费又改变着生产。长期估值的实质意义，就是这种改变过程中的确定性。

为什么要说长期估值？因为短期估值属于资金和情绪，这是股神都看不清的东西，我们无法从投资的角度真正理解它，这更多属于心理学的范畴。就如前几年，有人预见到贵州茅台会达到2万亿元市值，后来果然实现了，但这个市值并不是那些大佬们用自由现金流算出来的，而是靠70倍的市盈率来实现的，大佬们是对了还是错了呢？当然，短期估值也是建立在长期估值基础之上的，短期估值背后是货币环境和监管环境，长期估值背后是产品和需求的相互适应。短期估值总是围绕长期估值反复波动的，它们之间的关系，就是价值。

做价值投资，估值是核心因素之一，但真正的估值并不是几个数据所能覆盖的。它来源于投资者对经济环境、对资本环境、对市场、对行业、对企业的长期认识。而且估值本身就是动态的，会受到经济周期、货币环境、市场情绪和逐利需求的不断干扰。很多时候，我们无法对某一只股票给出一个明确的长期数据化标准，只能在一个个数据中寻找下一个坐标，所以长期持有只是一个被累积起来的结果，而不是那个一眼看到十年后的传奇故事。这就像海图上的暗礁标识，避开它们，航海者也就离安全不远了。

第二节　影响估值的十大要素

同一个市场中，不同的行业和企业，所匹配的估值可能完全不同。有一些行业，天生就具备了高估值的各项因素，也有一些行业，不管多被看好，看起来赚到了很多钱，长期估值却始终都是偏低的。总有投资者希望用一个公式把所有的企业全都理解了，这就像一个毫无武术基础的人，幻想着捡到一本武功秘籍，立刻就会天下无敌一般。投资如果真是这么简单，哪里轮得到普通人在这里赚钱，那些资源丰富的大佬们早就把钱都拿走了。

前面说过，估值是一个体系，也只能是一个体系。我们所看到的行业或者企业的各项数据指标，都是长时间市场沉淀的结果，有其规律性，也有其不确定性，这种复杂，才是市场公平的一种表现，它给各路投资人都留了礼物，只要我们不犯错误，总会有所收获。

短期估值是围绕长期估值上下波动的，很多变化背后的逻辑需要更多针对性的分析，在某一时点，短期估值也更容易受到一些特殊性因素的影响。但影响长期估值的内在逻辑还是比较清晰的，包括一些因素对长期估值和短期估值都有较大影响，下面一一列举。

一、护城河

所谓的护城河，就是一家企业在竞争中所拥有的独家优势。这可能是一种技术，可能是一个品牌，可能是一个牌照，也可能是一个地理环境。护城河越深、越宽的企业，相对其他企业的估值溢价就会越大。

二、业绩增速

估值都是动态的，会受到业绩变动的直接影响。有些看起来很高的估值，如果企业有能力保持业绩的长期快速增长，就会不断地在业绩发布后，大幅降低，而市场往往也会像填权一样，再把它的估值拉高回原位，甚至可能拉得更高。当然，也有企业在某个时段会出现短期业绩大幅下滑导致的估值上涨，但这是阶段性的变化，长期还会回到与业绩增速相匹配的标准。

三、产品周期

一个产品，往往要经历新生、发展、高峰、平台、衰落和退出的历程，主营产品处于上升阶段，估值就给得高，而到了衰退阶段，估值自然也就降下来了。这就像我们在看一个孩子，莫欺少年穷，他的未来会有更多的想象空间。而对中老年人，人们大概率就会以当前的视角来评估了，有时候甚至还要提前做一些减值。当然，也有例外，如巴菲特在 50 岁的时候，其资产只有现在的 1%，不是那时候他被低估，而是他后面 40 年太优秀了，尤其是他的主营产品在经历了长期平台甚至衰退后，仍能王者归来，这就是股神的伟大之处。

我们在观察企业的时候，有时候也能发现这样浴火重生的经营案例，如贵州茅台就曾经从 101 倍 PE 跌到过 8.3 倍 PE，而后又回到了 70 倍 PE。估值是动态的，并不存在绝对的标准，与时俱进吧。

四、自由现金流

很多企业的盈利能力也很强，账上的现金看起来也不少，甚至分红也很高，但市场仍然不会给出高估值。因为它的很多净利润和现金流，需要不断地投入生产过程中，无法变成自由现金流，有些投资者把这些称作"假钱"。钱当然都是真的，但不能自由支配的钱，就只能算它的业绩，而不会给出更高的估值。对于企业来说，很多时候就是这么不公平，有躺赢的，也有只能赚辛苦钱的。当然那些躺赢企业的估值常年都不低，合不合理，有时候也并不容易算。而那些赚辛苦钱的企业，也经常会有大幅折价的机会，看投资者如何把握了。

五、品牌溢价

在不少行业，尤其是同质化比较严重的消费行业中，情感需求或者安全需求会直接影响消费者的购买行为，主要特征就是品牌自身会创造溢价。落实到资本市场上，具有强势品牌的企业，总会多得到一些估值空间。其实，如果考虑到一家企业当初在创造和维护自身品牌中所付出的资金和努力，这也是公平的。归根结底，品牌来自于优质的产品和服务，在逆市中可能会是拯救企业的最重要的武器。

六、成长空间

技术的迭代越来越快，我们经常会看到很多新的产品，甚至会发现市场上又多了一些新的行业。一个产品的诞生有时候会成就一家企业，但并不是每家企业都可以永远享用自身的产品红利。譬如，当年的 BP 机、VCD 机等，即便红极一时，但也会在瞬间消失得无影无踪。

市场总是会以怀疑的态度来看待那些没有经过历史检验的行业和企业，但当它们证明了自己拥有更广阔空间的时候，高估值也一样可以随之而来。2013 年的时候，白酒行业的未来成长空间被普遍质疑，估值也到了谷底，但随着各白酒企业在战略上和营销上的有效调整，从对公为主转向商务消费，行业又重回升势。2015 年之后白酒股的估值一路上扬，已经向我们证明成长空间的溢价作用。

七、杠杆率

估值往往是和杠杆率成反比的，与之对应的，是企业的融资成本总是和融资额度成正比的。两者背后的逻辑都是一致的，杠杆越高的企业，理论上经营的风险也就越大，溢价空间自然就会相应越小，风险也就越大。此外，杠杆率高的企业，即便利润率不高，其 ROIC（投入资本回报率）也会直接受益于杠杆的放大效应。在上升的市场环境中，业绩的增速会更快，很多时候弥补了估值偏低的影响。反过来，一旦市场环境变坏，高杠杆企业所承担的风险也是成倍增加的，这个时候估值下降的压力也会被放大。

八、周期性

万物皆有周期，但有些行业的周期变化会更加明显一些，在景气周期和不景气周期之间的反差也更大。也有一些行业，会随着宏观环境出现一定程度的波动，但幅度较小，恢复起来也会更快。前者最有代表性的是大宗商品，几个月的时间可能就会出现从天堂到地狱般的巨大落差，但也经常会出现大幅反转，涨得让人瞠目结舌。而后者的代表是消费股，尤其是那些必选消费，不管大环境如何，该吃该喝该用的东西还得继续买，即便压力巨大，它们的下滑幅度也会比绝大多数行业的下滑幅度更小。强周期的股票，由于业绩变动的幅度偏大，有时候甚至会出现前一年亏损，第二年暴赚的情况，估值的波动往往也较大。而弱周期的股票，一般来说估值的整体标准会偏高一些，波动幅度也较小。

九、无风险利率

货币环境对资本市场的影响是非常直接的，以 10 年期国债利率为例，我们可以在图 4-1 中清晰地看到，沪深 300 指数的 PE 中位数是长期围绕 10 年期国债利率的倒数进行波动的。

从具体的货币周期变化来看，有时候对资本市场的影响需要一定的时间，所以不一定马上就会体现在市场的变化中。但有一个规律，对市场还是有明确指引作用的，就是沪深 300 指数的 PE 中位数明确上穿 10 年期国债利率的倒数之后，指数会有一个确定性很高的单边上升阶段。2006 年 12 月、2009 年 5 月和 2014 年 11 月都是如此，后面我们可以继续验证一下。

图 4-1　10 年期国债利率与沪深 300 指数的 PE 中位数走势对比

十、舆论环境

　　行业政策、公关引导、社会风向等方面对短期估值的影响会比较明显，有时候这个周期持续的时间还会比较长。但这种与经营内生价值偏离较多的影响因素，很难对股票的长期估值形成有效支撑。只要企业的业绩能够持续保持上升，舆论自然会有改观。反过来，如果企业一直拿不出足以支撑估值的业绩，后面估值的回落也是一种必然。这种长期估值的有效性，和短期估值的难预测，也从客观上体现了长线持股更有确定性。

　　以上是影响估值的十个主要因素，具体到股票上，这些因素彼此之间会不断地发生作用，很多时候某些因素占上风，但另外的因素也有可能逆袭，这也是估值需要按照一个体系来分析，而不是简单看表面数据的原因。

第三节　估值的安全线和警戒线

　　估值不是一门科学，具体到某只股票上，从来不存在一个长期不变的估值数据。实际上，考虑到企业的经营和宏观环境等因素，估值每天都在发生变化，也可以说估值是一个每天都在变化的动态数据。投资者做再多的研究，所能给出的估值也只能是一个大致范围，而且这个范围会随着企业基本面的波动，而不断发生变化，这正是投资的难度所在。

　　有些人会说估值是门艺术，也有些人对这个说法嗤之以鼻。艺术缺少明确的标准，但也有其基本的审美逻辑，从这个角度来看，估值确实和艺术有相似的地方。但和艺术不同的是，艺术是难以被量化的，而在某些特定的情况下，我们可以判断出估值明显偏高了，或者是严重偏低了。这个时候由于股价已经与基本面形成了大幅背离，估值的标准也会相对清晰，在一定程度上可以用数字来做描述。

　　在寻求接近股票真实价值的过程中，我们可以把能用数字表述的部分先完成，也就是对一只股票估值的过程中，我们可以先找到它的安全线和警戒线。安全线并不意味着估值不会再降低了，同样警戒线也不意味着它的估值就不会再提升了。但在经营基本面不严重恶化的前提下，安全线代表着其估值会在较短的时间内回升，而警戒线则意味着其估值会在较短的时间内下滑。从投资的意义上来看，估值跌到安全线上，意味着可以主动买入了。同样，估值涨到警戒线上，则意味着后面要面临确定性较强的回撤了。当然，这里谈的只是空间，即便是公认的低位，也可能会出现长时间的磨底，时间会比空间具有更多的不确定性。

按照投资标的的不同，估值可以分为大盘估值（适用于沪深300等宽基指数 ETF）、行业估值（适用于行业 ETF）和个股估值。相对来说，我们比较容易界定大盘估值的安全线和警戒线，主要原因是在国力持续向上的大背景下，大盘的盈利指标基本可以设定为正，这就消除了估值中最大的不确定性。而对于个股和行业来说，各种估值方法和公式，一旦出现了企业亏损甚至行业性亏损的情况，就都变成了空中楼阁，完全失效了。

先看一下大盘的估值，我比较习惯用的是"股债利差"法。以沪深300指数为例，其"股债利差"计算方法为：沪深300指数市盈率的倒数减去 10 年期国债收益率。**所得数值越大，代表沪深 300 指数的相对估值越低，市场越安全；所得数值越小，代表沪深 300 指数的相对估值越高，市场风险越大。**可投资逆人性的一点在于，市场的安全总是来自于股价的下跌，市场的风险总是出自股价的上涨。也就是说，越安全的时候投资者的厌恶情绪越严重，越危险的时候投资者的买入热情就越高，所以才有了"别人恐惧我贪婪，别人贪婪我恐惧"这句经典名言。

如图 4-2 所示，当股债利差超过 0.06 的时候，在空间上就离投资者经常说的"底"不远了，2014 年、2016 年、2019 年、2020 年的几个"顶"都体现了这一规律。反过来，当股债利差低于 0.03 的时候，在空间上投资者就已经处于顶部，2008 年、2009 年、2010 年、2015 年、2018 年、2021 年这几个底部都是证明。

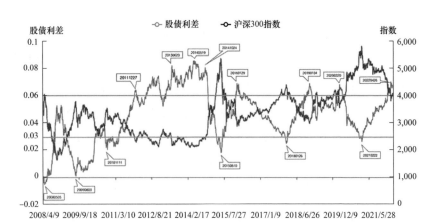

图 4-2　2008—2021 年股债利差与沪深 300 指数走势对比

一目了然吧！可我们现在看到的这些"底"与"顶"，都是事后显现的，"顶"是跌出来的，"底"是涨出来的。正如前面所说，通过股债利差，我们可以很清晰地判断出大盘整体估值的高低，但我们判断不出时间会持续多久，否则投资也太简单了。譬如，2021 年下半年，股债利差就超过了 0.06，但这个"底"整整磨了三年；2009 年上半年形成的高位，也持续了两年，才开始加速下跌。但也正因为时间的不确定性，才给个人投资者留下了足够的收益，否则所有的钱都会被机构赚走了。个人投资者最大的优势，也是机构最大的短板，就是时间。在投资中和时间成为朋友，那我们很难不是赢家。

从图 4-2 中，我们可以清晰地看到 0.06 这根安全线和 0.03 这根警戒线，升破 0.06 的时候，市场估值开始处于低位，而跌破 0.03 的时候，市场估值将处于高位，下跌风险不断聚集。究其原理，10 年期国债收益率代表着市场上的无风险收益率，是每个投资者不需要承受任何风险，便可以得到的收益。但投资毕竟是经过风险洗礼去换取收益的过程，市盈率的倒数代表着在当前价格买入股票后，投资者所得到的相应经营收益，股债利差的实质就是投资者的真实风险收益，自然是数值越高对投资者越有利。

股债利差又被称为 FED 模型或美联储模型，是 1997 年经济学家埃德·亚德尼提出来的。比这更悠久的是格雷厄姆指数，不同的是格雷厄姆是用相应股票市盈率的倒数除以 10 年期国债收益率，得出来的是比值。相对来说，股债利差更形象一些，可以直接得出风险收益的具体数值，但基本原理和格雷厄姆指数（股债收益比）是一致的，用哪个看投资者的个人喜好了。

第四节　理解了人才能理解估值

很多人希望构建出一个模型，或者是拟定一个公式，用最简单形象的方法来判断一只股票的估值。但投资最大的难点，就在于这里没有一成不变的东西。从数据到数据的推导，就效率而言是提升的，可一旦犯下错误，就随时可能前功尽弃。著名的长期资本就是例子，即便有多位诺贝尔获奖者助阵，但在短暂辉煌之后，照样毁于一旦。反过来，我们倒是可以用更加原始，但也更接近估值本质的简单方法，来对估值进行理解。PE = P/E，这是市盈率的计算公式，也是我们理解估值的最直接方法。公式变形后，可以推导出 P = PE×E，也就意味着一家企业，如果它现在的 PE 保持不变，那么投资者未来的投资回报率，就是它每股收益的复合增速。由此可见，影响投资收益率的两个最主要的指标，一个是每股收益的变动，另一个是市盈率的变动。

这个公式的意义在于，对于比较成熟的行业，借鉴个股的历史市盈率或者其他市场同类企业的市盈率，我们可以通过市盈率回归的方式，结合企业业绩的变化，来对未来的投资收益率进行动态监测，以此化解用简单的股债利差数据所无法解决的时间问题。但对于那些快速成长的行业，还需要结合行业发展的可能性规模，以及现有和潜在的竞争格局，才能完成对企业现有估值的定性分析。之所以是定性分析，在于快速成长行业往往都是新兴产业，市场缺少可借鉴的历史经验，只能对其进行动态理解，不断通过经营中的数据变化，来调整对企业未来的盈利性分析。

在这个公式中，有 PE 和 E 两个变量，而未来的 P 也是一个预期值，是投资回报率的转化，所以这个公式如果要在未来的预期时点成立，就必须是三维的而不是平面或者直线。换句话说，估值必须是一个体系才有意义，简单的线性外推无异于刻舟求剑。

这个体系的核心是 E，也就是每股收益，它本身对 PE 具有直接影响，同时和 PE 一起决定了 P。各种估值方法或者公式，本质上都是对 E 的预期。有些看起来非常精妙的方法，其实本身都是空中楼阁，一旦 E 出现较大偏差，就会出现明显甚至致命的错误。而对 E 的研究，单纯从数据层面，并不能得出最关键的敏感因素。只有建立在产品、技术、竞争、经济环境和行业趋势等基础上的企业研究，才有机会让我们更接近未来。而对这些因素，最终具有决定性影响的，是人，这就需要在更广阔的社会层面进行深入理解了。这里所说的"人"，并不是仅仅指消费者，还包括决策者和监管者。这三者的关系，在不同行业里会有不同的变化。

有些行业是消费者影响决策者，决策者又影响监管者的。这样的行业更加市场化，大多来自于完全竞争环境。其行业平均估值的波动性相对较小，代表性较强的是消费行业。研究此类行业，关注点主要在销售端。也有的行业正好相反，监管者影响决策者，决策者又影响消费者，这样的行业往往具有资源稀缺的特点，代表性较强的是地产行业。此类行业的平均估值波动性相对较大，受宏观环境的影响更加直接，对供给端的研究更有意义。其他行业，或者是行业属性不同，或者是发展阶段不同，会处于两者之间，有些离前者近一些，有些离后者近一些。但不管是哪种类型的行业，在理解其估值的时候，都要把人的因素放在第一位，这是经营的根本。

投资不是一门科学，而是一个具有多元化内涵的复合学科，唯能极于情，故能极于剑，理解了人，才能理解估值。

第五节 估值的本质是时间

从股债利差可以看出大盘在空间上的安全线与警戒线，但却无法做出时间上的提示。在对个股估值的时候，其最大的变量，恰恰也是时间。高估值个股和低估值个股之间的不同之处，都可以在时间上找到答案。投资的本质是时间，估值的本质也是时间。理解了时间，就理解了估值，也就理解了投资。

从投资者的预售期回报角度来看，无风险收益率3%的警戒线和6%的安全线，在未来较长一段时间内会是有效的。这是由目前GDP的增长趋势所决定的，随着经济体量越来越庞大，能实现接近GDP增速倍数的收益率，对于投资者来说已经是不错的回报了。此标准不仅适用于大盘，也一样适用于个股。但与大盘不同的是，个股的业绩波动要大得多，而且短时间内的个股利润，并不能完全代表其内在价值。譬如，一些新兴企业出于扩大市场份额的考虑，上市几年后仍然可能出现亏损的情况，如果简单地用股债利差来分析，就完全不适用了。

对于不同成长阶段和不同杠杆率的企业，市场给出的宽限期是不一样的。对于市场认为长期向好的企业，即便因为高估值原因，导致回报率并不高，但很多投资者仍然愿意用更长的时间周期来弥补。体现在具体估值上，不同行业和企业的长期平均估值，会存在非常大的差异。我们常常发现，看起来低估的股票无人问津，而明显高估的股票依然被追捧。就像我们在现实中，同一件事情，对成人和对孩子的要求是完全不一样的。成人即便做对了，大家也会找到很多不足之处，而一个孩子的行为，即便出现了一些错误，得到的也更多是鼓励。因为成人已经没有太多提高的空间了，而孩子依然拥有着更多的发展可能，时间是属于他们的。

企业也是这样，对那些业务已经进入成熟阶段的企业，市场给出的估值相对会比较低，它们能做什么不能做什么，都在大家的预计中了。而一些新兴的企业，即便表现出来的赚钱能力还不够强大，但稍有亮点，就有机会在估值的提升上有所回报。这是产品周期对企业估值的影响，但问题在于所谓的新兴企业，不但行业的变数比较多，而且其内部的竞争格局尚未稳定，这都给企业未来的发展带来了很大的不确定性。

我们在做这些增长较快行业的估值理解之时，一方面可以根据其产能或者市场容量的实际情况，来做业绩增速的预测；另一方面也需要根据企业实际的成长速度，不断修正前面所预测的数据。当预期数据与实际数据发生冲突的时候，就只能用时间做调和，这个时候投资者容易掉进惯性思维的误区，有些呈现出来的时间周期，甚至大大超出人们的投资常识，在市场狂热的时候，这种研究结果屡见不鲜。同样会出现这种状况的，还有那些被认为具有更强永续性的企业，它们也经常处于颠覆常识的状态里。

2020 年关于贵州茅台和 2021 年关于宁德时代的很多研究报告中，都出现过这样的例子，至今还会在某些股票上重复着。时间是难以把控的，也是最难预测的。

第六节　拼命占便宜，宁死不追高

2020 年下半年，赛道一词被频频使用。翻开当时的文章，里面大谈赛道优势的仍历历在目，但从 2021 年 2 月底开始，一些赛道股陆续崩塌。三年后，当初相对强势的一些股票，很多也出现了两位数甚至是超过 50% 的跌幅。应该说，这里面很多企业都是不错的，即便年报数据出来，很多企业的同比增速也是全市场的佼佼者。但问题在于，它们太贵了。

$P = PE \times E$，业绩的测算一般来说有迹可循。但对估值的理解，其中的弹性就很大了。很多人对 100 倍 PE 的概念真的是没概念，现在统计历史数据的网站很多，可以查查看，整个市场历史上最低 PE 能连续三年保持 100 倍的都有谁？我没查过那些小票，但在那些广为人知的明星股中，一个都没有。**靠业绩提升的股价，即便遇到一些经营的周期问题，修复起来也会比较快。但靠估值提升的股价，很多跌下去几年之内都很难翻身。**

说到价值投资，说到长期持有，很多人都能讲出一大堆经典案例。但事情总有另外一面，我们看到过去持有贵州茅台的投资者赚了十几倍，但也应该看到在 2007 年高点买茅台的人，要到 2014 年才能解套。买入一只股票前，有人告诉你会七年不涨，你会买吗？不要说七年，大多数人跌上七个月都受不了。一个人的投资风格，和他对资金压力的承受能力直接相关。**如果一个投资者没有那么强的承受力，就不要考虑去追那些估值高高在上的赛道股。**怕高命苦，但总比追高短命好得多。

投资的时候，要先保证自己能活着，活着就有机会。我在写那本《个人投资者的股市生存之道》之前，很长时间都很困惑，当时也在这个市场里投资 10 年了，却越做越心虚。有些股票里的钱，就是放在老虎嘴里的，短线看运气，长线必死无疑。在写作的过程中，我实际上是面对自己的弱点，不断地自我剖析。感谢那个艰苦的写作历程，很多问题，我是一边写一边看得更清晰的。

我曾经赚过各种投资模式的钱，包括在 2015 年在乐视网上也算全身而退，但回想起来，至今依然后怕。趁着老虎打盹的功夫，侥幸投机成功，这是万幸。如果把这种幸运当成自己的能力，那早晚都会把自己变成老虎的点心。

找到自己的优势，然后尽量不要去赚那些热点的钱，而是坚定不移地把自己的能力圈做深做扎实，在此基础上，一两年扩展一个新板块就已经很不容易了。这两年，我听过很多人讲"进化"，有时候退潮了才会发现，有些人进化的只是胆量。对这个市场，我越做胆子越小，倒是那些鄙视的眼光让我窃喜，这才是我最好的赚钱机会。

第七节 白酒股的估值方法

很多人会用一些指标来做估值,如 PE、PB、ROE、股息率等,这些数据本身都有一定的代表意义,但所有的指标都需要放在一个充分的环境里才有价值,孤立出来静态去看,并以此为交易之锚,就很容易掉入刻舟求剑的陷阱里。

对于白酒行业来说,由于产品特性的原因,和大多数行业(包括其他消费行业)相比,都有很大的特殊性。只有深入白酒行业内部,从市场需求角度切入,从产品和品牌属性角度展开,才能理解在某一特定阶段,白酒股的估值究竟是高还是低。此外,白酒行业经过连续几年的快速增长后,随着规模和宏观环境的制约,增速也在逐步放缓。在这种压力下,各酒企之间的竞争正越来越激烈,头部化的趋势越来越明显。在过往几轮白酒股牛市中,基本上都是全行业同进共退,未来会更倾向于不断分化,高端白酒和中低端白酒之间的走势会有很大的差别,这无疑会严重影响各自的估值水平。

我们还是通过估值的十大要素,逐一看看白酒股在估值上的表现。

一、护城河

对于价值投资来说,护城河是判断一家企业是否拥有优秀的商业模式最核心的判断要素。相对于其他消费行业,白酒行业本身就有自己的行业护城河。而已经上市的白酒企业,也各有各的护城河，这是它们能在全国众多白酒品牌中脱颖而出的关键所在。当下，从食品到服装，从手机到汽车，我们能很方便地买到世界各地的产品。在其他酒类板块中，境外企业在高端啤酒和各档次红酒上的优势一直都很大，但在中国独有的白酒领域里，它们根本无法创造自己的品牌，即便是收购一些国内酒企，也很难做好后期经营，失败案例一直不断。

中国白酒是中国餐饮文化中非常重要的一部分，不管是生产还是消费，都具有极强的民族性和中式文化特点，外资很难学习到精髓。而具体到某家企业的护城河上，由于不同白酒有不同的香型，并由此配备了很多独有的生产工艺，即便是在市场竞争中处于下风，也仍然很难从根本上被取代。那些著名的头部企业，护城河就更宽也更具体。譬如，贵州茅台的赤水河生态环境和"129875"的生产工艺，五粮液和泸州老窖的百年老窖池等，都是其他公司无法复制的，这是真正的天赋。

独有的行业，独有的企业，独有的产品。物以稀为贵，白酒股能长期保持较高估值的原因，在护城河上，就可见一斑。

二、业绩增速

白酒行业的销售收入最近几年一直在创新高，2023 年已经突破了 7500 亿元，同比增长 9.7%。毋庸讳言，一方面，在整体上不再具有稀缺性之后，未来白酒行业的收入规模增速，会随着 GDP 的变化而变化，很难再有爆发性增长了，能保持 GDP 增速的两倍，就已经是个不错的成绩了；另一方面，随着行业集中化的倾向，部分白酒企业还可以保持一定的增长速度，并通过提价权做进一步维护。

2016 年以来，白酒行业的整体销售量一直是缩减的，七年时间下降了一半。上市白酒企业之所以业绩一直居高不下，主要原因是随着市场统一化进程的推进，交通物流的发达，它们抢占了大量原来属于地方酒厂的销售空间。20 多年前，全国各个城市基本都有自己的白酒品牌，但现在还能生存下来，并且能保证产品销路的，已经所剩不多了。在占领完原属于地方酒厂的阵地后，未来的白酒行业竞争，就变成了头部上市公司和普通上市公司之间的事情了。不管是茅台、五粮液，还是泸州老窖、山西汾酒，都在大力扩充产能，各家的系列酒销售规模突飞猛进，这对其他白酒上市公司来说，无异于降维打击。与之相反，随着高收入人群的数量在不断增长，高端白酒的稀缺性还在增强。全国一年能够量产的高端白酒，供应量不到 11 万吨，只有行业总产量的不到 2%。

各家酒企虽然都有自己的千元以上产品，但基本上都是用来展示工艺和提升形象的，产能和销售都和"茅五泸"完全没法相提并论。飞天茅台产能受制于茅台镇的资源，五粮液和国窖 1573 的产能受制于老窖数量导致的优酒率，未来至少 10 年内，高端白酒都会处于供不应求的状态。从 2016 年，白酒行业全面走出 2012 年开始的行业性大动荡之后，中低端白酒依托于跟随"茅五泸"不断提价的红利，业绩增速很快，但其中也出现了渠道囤货等乱象，直接造成了 2022 年之后的业绩大变脸。

在未来的发展过程中，头部白酒企业的估值整体上会相对稳定，而中部和后端企业的估值，在某些时段可能会变得更高，但整体估值的重心，会随着市场空间的被挤压而不断下移。

三、产品周期

白酒股的一大优势，就是产品周期极弱。国外的烈酒品牌，数百年工艺不变，越是如此价值越高。中国白酒，虽然工艺定性都是最近几十年的事，但发展到如今，各主要酒企的产品都已经非常成熟了，虽然在勾调上隔几年会有一些小调整，但整体变化不大。白酒的这一特点，决定了行业内不会有科技类企业那样激烈的迭代竞争。这也是各家头部企业的市场地位，几十年来一直保持稳定的客观原因。外界投入多少钱，也没法靠产品突破来冲击现有的酒企序列。

做估值，最怕的就是大波动。在数据推导上考虑的再缜密，一旦该企业在产品上被后进者取代，所有的论证就会变得毫无意义。而白酒股在这方面具有独到的优势，我们只要考虑宏观环境，考虑市场周期即可，产品的超长周期，让对企业的预判变得容易很多。

四、自由现金流

有一种常用的估值方法，叫作自由现金流折现模型。自由现金流是指用企业在经营活动中产生的现金流量，减去资本支出后的剩余部分。自由现金流的折现模型，就是通过计算出企业未来的自由现金流，并将其按照一定的贴现率折现到当前价值，以此来评估企业的内在价值。

很多人会套用该模型的公式，来对股票进行量化评估。这种评估虽然是用量化来进行的，但由于其所依据的数据仍然是局限于当下，很难反映企业未来的发展变化，所以得出来的结论仍然是定性的。但不管怎么说，自由现金流对一家企业的重要性是世所公认的。拥有充沛的自由现金流，就意味着企业可以最大化规避经营风险，可以随时让股东们享受到经营红利。而白酒企业的毛利率超高，产品研发费用较低，归母净利润中绝大部分都是自由现金流。这就让酒企们有能力进行大比例分红，主要企业基本上都做到了60%以上的股利支付率。这样的"真钱"，是白酒股长期保持较高估值的重要原因。

五、品牌溢价

同样是消费品，其他行业的龙头企业，经常是几年一换，各领风骚一时段。但白酒行业的品牌序列，一直以来都超级稳定，我们看看30年前的主要白酒价格，其排序与现今大同小异。多少年来，不管有多少资金进入白酒行业，茅台、五粮液的地位都没有被动摇，泸州老窖、汾酒和洋河的价值也都是几十年来一直稳居行业前列。后面的酒企不断推出重磅产品，但在同档次产品中，酒价始终要略逊一筹。品牌是白酒企业的核心竞争力。几十年来，有经营不善逐渐掉队的企业，但不管花费多少钱，也从来没有一家企业能跻身"茅五泸汾洋"的行列。

人类的发展史，是和酒分不开的。中国白酒与中国餐饮密不可分，无酒不成席，这种品牌价值，是白酒行业整体估值长期居高不下的核心因素之一。过往，由于行业整体增速较快，在估值上，头部白酒股的品牌溢价体现得并不充分。很多时候，一些二三线酒企的估值会大幅跑赢那些头部品牌。但在行业下行阶段，品牌溢价就充分体现出来了，有些酒企会出现阶段性杀估值的情况，但整体上还是比中小品牌更加稳定，即便前面跌幅较大，等后面市场恢复了，估值也会得到很快回升。未来，随着行业增速的放缓，白酒股的品牌序列对估值的影响会越来越大。尤其是高端白酒，在同样增速下，会拥有更明显的品牌溢价。

六、成长空间

很多人以人口增量下降为依据来看衰白酒行业的未来，但从白酒的目标客群分布来看，饮用者以30~60岁的人群为主。而人口出生率明显下降只是最近几年的事情，这个影响要等到20多年后才能体现出来，现在谈为时尚早。

有人把白酒的发展希望寄托于国际化。高端白酒主要是以50度以上产品为主打，海外人口习惯的烈酒主要是40度左右，从口味上来说，做好白酒的国际化并不容易。现在海外白酒的销量，主要靠华人来支撑，未来如果酒企们能够在低度酒上开发出突破性产品，吸引更多的外国人来喝白酒，也是有机会的，但目前看起来这还是比较遥远的事。

就行业整体来看，随着规模效应导致的增速趋缓，在集中度进一步完成之后，白酒股的成长空间主要来自于提价权。我们从飞天茅台的提价历史可以看出，20年的时间里，酒价上涨了10多倍，仍然可以保持畅销趋势。而在威士忌、白兰地等烈酒的发展历程中，也可以发现烈酒尤其是高端烈酒，确实有保值甚至增值的特性。之所以全世界范围内有那么多烈酒收藏者，除了饮用之外，抗通胀也是一个重要的目的。但这个提价权，主要还是掌握在高端白酒生产企业的手中。这也从另一个角度诠释了，前面所说的高端白酒的未来估值会明显超越普通白酒的论断。

七、杠杆率

股票的估值，一般来说都是和杠杆率成反比的。同样是净利润率超高的行业，银行股的市盈率一般都是个位数，而白酒股的市盈率动辄就是几十倍。背后的主要原因就是银行业本身是个高杠杆行业，资产负债率可以达到90%左右。而白酒行业中的很多企业，基本没有有息负债（有些会利用存贷的利息差，发债或者借款，但与经营关联不大），白酒股的资产负债率往往只有银行股的1/3左右，有的甚至更低。高杠杆就意味着高风险，市场给出的估值自然要保守很多。

此外，白酒企业在经营中往往处于绝对的强势地位，经销单位必须要先打款后提货。这不但保证了白酒企业很少出现坏账，还为企业提供了一个免费使用资金的周期。这是无风险的经营杠杆，可以规避很大的财务风险，对估值的提升自然是重要的加分项。

八、周期性

万物皆有周期，只是有强有弱。白酒行业的周期性没有地产、有色那么强，但白酒库存不会过期这个特点，导致在景气周期高点的时候，渠道商往往都会囤积大量存货，这会加大各白酒企业的景气度；而到了行业下行阶段，那些高企的库存，由于价格压力而不断被甩货，这也会明显影响相关企业的销售进度。由此，也导致白酒股的估值波动会比较大。景气度高的时候，动辄可以给到七八十倍的市盈率，有时候甚至能超过100倍。而在行业处于明显的下行状态时，也会存在十几倍市盈率，甚至出现个位数市盈率的情况。

白酒的一大优势就在于，没有真正的产品损耗。其他的食品饮料，销售不出去就会出现产品过期、原材料浪费等状况，而白酒销售不畅，对企业来说主要是需要更大的存储空间而已。一旦市场恢复热销，原来滞销的成品、半成品，反而变成了价值更高的老酒，在新的景气周期中，这些产品继续贡献业绩。这种天然的逆周期调节能力，是白酒的产品属性决定的，只要宏观经济持续向好，白酒的周期性影响的就只是短期估值。对那些喜欢长期持有的资金来说，白酒是穿越牛熊的最佳品类之一。

九、无风险利率

无风险利率包括银行储蓄、国债、逆回购等。一般来说，在股市中是用 10 年期国债收益率来做对应的。在估值体系中，与无风险利率直接相关的是股息率。股息率高不高，不是看绝对的数字，考虑到不同的无风险利率背景后，再去比较股息率才有意义。

譬如，2014 年的 10 年期国债收益率是在 4% 左右，当时一只白酒股的股息率达到了 4.5%；而 2024 年的 10 年期国债收益率是 2.2% 左右，这只白酒股的股息率为 4%。尽管 10 年前的股息率比 10 年后的还要高出 0.5%，但 10 年期国债收益率高了 1.8%，基数相差很大。2024 年的股息率，相当于当时 10 年期国债收益率的 1.8 倍，而 2014 年时这个指标就只有 1.1 倍。也就是说，2024 年的该股票，投资价值要比 10 年前高出很多了，尽管股息率看起来更低一些。

十、舆论环境

舆论环境的影响，是教科书上找不到的，但在实际投资中，对股票的短期估值却能起到至关重要的作用。在 2012 年那轮白酒股行业性大洗礼中，各方面的舆论都在看衰贵州茅台，认为当时以公务消费为主的茅台酒，被釜底抽薪之后，再也不会成为舞台的主角了。这种负面舆论越传越广，市场处于极度悲观的情绪中，到了 2014 年，贵州茅台的市盈率甚至被杀到了 8.8 倍。而 2021 年初的时候，消费板块整体走牛。当时的自媒体已经非常发达，不断在向各界传递着白酒神话。这一轮，贵州茅台的市盈率被抬到了 70 倍，舆论环境起到了催化剂的作用。

一个优秀的价值投资者，在交易中时刻都面临着舆论环境的干扰。我们只有经过年复一年、日复一日的深入研究，才能在各种泛滥的信息中保持冷静的头脑。不悲观，不乐观，时刻都保持客观，这并不容易。大多数投资者，都希望能通过一个可以量化的方式，给估值做一个清晰的定义。在很长一段时间里，我也在追求这个方向，但不管用什么样的方法得出来的估值标准，在市场变化面前，经常都会失灵。

后来，当我理解到估值不是一个模型，更不是一个指标或者一个数据的时候，我才明白估值应该是一个体系，而且是一个动态的体系，随着企业经营、市场波动而相应变化的体系。这距离我开始投资，差不多已经过去了七八年的时间了。在这七八年的时间中，我有得也有失，有大起也有大落，也有过心态大幅波动的感受。现在回想起来，深层原因还是对持仓股的估值缺少真正的信念。近些年来，市场的变化更加难测，但随着对估值理解的不断深入，我对种种变化反而感到淡然了。不懂估值就不会真正理解价值，而理解估值也就有机会更好地把握市场节奏，自然就更从容了。

以上我分析了影响白酒股估值的十大要素，这些要素在不同的市场环境里，重要性也是不同的。我们以过去十几年来，白酒股所经历的几次估值大变动作为范例，让大家有更清晰、更具体的感受。

第八节　白酒股估值分析实践

一、对 2013 年的白酒股估值理解

限制"三公消费"和白酒"塑化剂"事件，让正在高歌猛进的白酒行业，遭遇了迎头痛击。从 2012 年底开始，各家酒企先后遭遇了股价暴跌、销售不利、酒价坍塌等多重打击。从实体到投资环境，都迅速进入了冰点，大多数观点都是白酒行业会就此消沉，一蹶不振了。

近些年来，对一些著名投资人的评价，经常是"他不过是当初买了贵州茅台而已，是茅台优秀不是他优秀"。但在 2013 年那种环境下，能拿住贵州茅台是非常不容易的，敢于在低位加仓茅台的，更是凤毛麟角。包括我自己在内，也是在 2013 年卖出了茅台，直到三年后才买回来，错过了 10 倍市盈率之下重仓茅台的机会。究其根源，还是当时对茅台的估值理解得不够深入。当时影响茅台销售的主要因素，是原来茅台是以公务消费为主的，限制"三公消费"相当于釜底抽薪。而经历了"三聚氰胺"事件之后，

市场对食品安全极其重视，"塑化剂"事件也被看作是影响行业生存的严重问题。

对贵州茅台、五粮液这样的头部酒企来说，塑化剂问题可以通过更换生产设备来很快避免，但遭遇釜底抽薪之后，客群基础严重动摇，这确实是个重创。从估值的十大要素来看，当时压制估值，让贵州茅台在短短半年多的时间里，就从 26 倍 PE 跌到 8.8 倍 PE 的原因，主要是**舆论环境、成长空间、业绩增速和周期性**这四大要素的负面影响。

当时，满市场都在看衰白酒的未来，认为行业不但没有成长空间了，而且天花板会越来越低，根本撑不起原有的估值。在这种舆论环境下，销售端也会受到直接打压，加上公务消费突然被叫停，便形成了业绩与估值的双杀。雪上加霜的是，在顺周期时渠道高企的库存，一下子变成了逆周期中的沉重包袱，各经销商纷纷低价抛售，就进一步恶化了上面几个不利因素的表现。

在这种突发状况下，贵州茅台凭借品牌溢价还能勉强维持，但其他白酒企业的营销体系都迅速坍塌，很快就出现了行业性的大幅亏损。好在白酒的护城河还在，在中式餐饮体系中长期形成的白酒文化，依然深入人心。而且白酒企业杠杆率低，自由现金流充沛的优势依然存在，即便是营业收入和利润大幅下滑，各家酒企在没有外债压力、没有资金周转困境的环境里，只是过了几年苦日子，谈不上生存压力。这与其他行业面对全局性逆境时，大量企业出现倒闭的状况，要好得太多了。

可以说，对于白酒这样的行业来说，个位数市盈率的情况，只有在市场和非市场原因都极其恶化，并叠加反应的时候才会出现。8.8 倍 PE 的贵州茅台，真的是在送钱了。

二、对 2021 年的白酒股估值理解

2021 年白酒股的估值情况和 2013 年时完全相反。贵州茅台、五粮液都被推到了 70 倍左右的市盈率，泸州老窖达到了 80 多倍市盈率，有些小酒企甚至超过了 100 倍市盈率。

当时流行两句话，一个是"年少不知白酒好，错把××当成宝"，另一个是"白酒，永远的神"。这些话出现的背景，是经过了 2012—2014 年的大洗礼之后，白酒行业又重新迎来了上升周期，一方面是业绩增速在低基数的基础上不断大幅提升，而在行业顺周期的时候，渠道又开始加大库存，相当于给销售上了杠杆；另一方面是原本认为在公务消费被遏制后，白酒的客群基础会出现严重动摇，但实际情况是，依托越来越活跃的商务客群，以及居民宴席用酒和节庆用酒的不断增加，白酒的消费群体顺利平滑到了非公消费群体。业绩增速和成长空间问题得到解决之后，白酒行业全面进入景气周期，舆论环境开始推波助澜，即便酒企的业绩动辄 30%，甚至 50% 地增长，行业市盈率还是被推到了无法持续的历史性高位。

三、对 2024 年的白酒股估值理解

从 2021 年下半年开始，白酒行业遭遇了自 2012 年下半年以来最严重的打击，主要原因是房地产行业出现了债务问题，大量房企违约并进行了债务重组，商品房的销售额在三年的时间里接近腰斩。

白酒行业在过去几年的快速发展，是依托商务活动的爆发出现的，而这背后房地产的快速增长起到了决定性作用。当房地产

行业迅速缩表后，白酒也再次遭遇了重创。舆论环境又开始怀疑白酒行业的成长空间，而行业的业绩增速也在不断下降，有些酒企在2024年的财报中，已经出现了归母净利润的大幅负增长。即便是头部酒企，业绩也是明显下降，连一直坚挺的飞天茅台酒价，也从每瓶3000多元跌到了2000元上方，跌价幅度一度超过30%。在2024年9月，我们又看到十几倍市盈率的贵州茅台和五粮液，泸州老窖和洋河股份的市盈率甚至跌到了10倍，差一点就变成了个位数。

总体而言，这个阶段的白酒股，所处环境比2013年还是要好很多的。毕竟行业内主要企业的业绩增速还保持着正增长；几家表现突出的企业，仍然能保持两位数的增速。但从另一个角度来看，2025年的房地产环境，会比2015年复杂得多。毕竟这一轮的阶段性目标主要是稳房价，通过"严控增量"来稳房价，这就决定了房地产会在一段时间内继续缩表，即便房价稳下来，商务活动的活跃度，也很难在短期内恢复到2021年之前的状态。

这样来看，白酒行业在**成长空间、业绩增速、周期性和舆论环境**等估值要素上，都是减分项。虽然**护城河、自由现金流、杠杆率**这几个要素依然是加分项，但整体估值重心短期内还很难恢复到历史平均水准（10年平均市盈率为30倍PE，2024年10月中旬为20倍PE）之上。

具体到行业内部，以高端白酒为主的企业，还可以凭借品牌溢价的优势，通过吃掉次高端白酒企业的市场份额，以此来提升自己的业绩，这对其估值的提升，是有很大帮助的。而品牌溢价能力较弱的企业，面对业绩大幅下滑的趋势，可用的办法不多，这都是影响估值的。

2024年以来，各家白酒企业纷纷上调股利支付率，大部分已经超过了60%，部分企业达到了70%以上，这对各自估值的提升，是一个重大利好。原本由于白酒企业的市盈率长期保持高位，投资者主要是通过股价来获利。而在股利支付率逐渐提升后，很多白酒企业的股息率已经达到了3%以上，部分企业甚至可以做到4%（2024年10月中旬数据）。而近两年来债券市场上升势头强劲，导致国债收益率不断下降，长期保持在2%~2.5%，无风险利率的标准越来越低。

在这种背景下，很多白酒股正式进入红利股行列，只要其业绩不出现长期负增长，仅股息率一项，白酒股便足以吸引长期资金的青睐。高股息就是底，这是白酒股加大股利支付率比例后，支持估值的新逻辑。就2024年四季度的整体形势来看，可以把3%的股息率作为白酒股估值的中枢，在市场动荡的大环境里，这比市盈率、市净率，甚至ROE指标都更有价值。毕竟再好的财务指标，都不如分给投资者的真金白银来得实在。当然，前提是要确定相关企业的归母净利润不能出现负增长。

在不同的时段，面对不同的宏观环境和行业环境，白酒股估值十大要素的权重是会发生变化的。估值是一个体系，而不只是一个数据。如果只用一个静态的指标，一方面过于机械，另一方面不考虑其他影响要素，也容易刻舟求剑。本书阐述的是一个完整的估值分析方法，而不是提供一个简单的数字指标，希望大家能理解背后的深层含义。

在交易中每个人
都必须做好的事

第五章

第一节 价值投资没有唯一标准

一、每个人理解的价值都不一样

在谈价值投资的时候，我们谈的是什么？到底什么是价值投资，或者说什么样的投资一定不是价值投资？很多时候，这并没有明确的答案。

从价值投资的根本逻辑出发，一切行为都应该基于价值，而不应该基于运气，这是一个相对清晰的标准。但在这个标准之下，在具体的交易中，每个人的操作就千差万别了。很多人是把投资与投机对立的，可很多专业的投机者，在做那些被看作是投机的行为时，可能比很多所谓的价值投资者更加注重所投标的的价值所在。

从某种意义上来说，股市里除了纯粹的赌徒外，没有几个人不是价值投资者。不管是做长线、短线还是波段，不愿把未来交给运气的人，或多或少都要关注股票的内在价值，至少会关注其短期价值。**价值，是一切行为的根本，实际上即便是赌徒，也会有价值标准，只不过他们更看中的是市场的短期交易价值。**

在股市里，我们经常能看到一些人，长期致力于企业价值的研究，严格遵守那些大家耳熟能详的价值投资标准，但收益却并不理想。投资中最难的一点，就是一个人一直在做对的事情，但结果却可能是错的。原因呢？可能是这些对的东西，并不是他所能承受的。

巴菲特有句关于投资的名言："投资主要就是两件事，一个是如何做好企业估值，另一个是如何应对市场波动。"做好企业估值容易理解，大部分关于企业的分析文章都致力于此。但如何应对市场波动，对于个人投资者来说，就是一件非常令人头疼的事情了。

我们所看到的价值投资经典理论的提出者基本都是大机构的管理者，他们的很多思想都是基于大资金的操作，普通人单纯模仿很容易变成邯郸学步。很多时候，机械性模仿对普通投资者的负面影响，反而可能更大。譬如，我们看到巴菲特长期持有一只股票，便很容易爱上自己的持仓企业，遇到各种问题的时候，总告诉自己要穿越牛熊，要长期持有。但我们可能会忘记，巴菲特在自己的重仓企业中，都是有董事会席位的，不但对企业的现状和发展了如指掌，而且还可以直接参与企业的经营，甚至可能更换 CEO。

当一个人对自己看好的企业坚定不移的时候，他对这家企业真的足够了解吗？他真的知道自己心目中的好企业，到底好在什么地方吗？他看到的管理层如此关照小股东，这是真心的还是全凭演技呢？有时候，一份年报出来，会颠覆很多人的信仰，因为这里的很多东西和他们想象的不一样。其实在幕后看，这都是顺理成章的，但对于一贯坐在幕前的人来说，这真有可能是一个晴天霹雳。

可怕的是，绝大部分投资者都是坐在幕前的，你研究的很多东西不过是某些人想让你看到的而已。这就是投资中的一个结，我们看到的价值，是真正的价值吗？价值是投资的基点，如果这个基点不可靠，那么后面越努力对自己的伤害就越大。

二、在投资中我们不知道的事

经验再丰富的投资者，也一样有很多不知道的事，事实上在这个错综复杂的市场上，每天都会发生很多超出我们认知的事情。我们不知道它们怎么发生的，也不知道它们要走向何处，将会给世界和我们带来什么样的影响。

如果要先搞清楚所有的事情才能做投资，那股市里将空无一人。我们需要为此不断地探索和研究，但更重要的是先让自己保持安全，不要在真相面市之前就倒下。这就像一头狮子从远处向你跑来，你第一时间该做的是让自己找到足够结实的掩体，而不是先判断它是不是要伤人。而户外生存经验丰富的人，会提早做好充分的防范措施，绝不会把自己暴露在狮子的袭击范围内，这才是最安全的选择。

大多数人都是在股价暴跌之后，才明白自己对这家企业知之甚少的。对于他们来说，同一只股票，估值在高位和在低位是不一样的，暴涨和暴跌之后也是不一样的。可企业还是那个企业，股票还是那只股票，只是人们当初的错觉变成了真相。

为什么要坚守价值？行情上涨的时候都在高喊进化，可进化的只是投资者的胆量。用错误的方法赚到钱，有时候是一个投资者最大的不幸，他会由此高估自己的能力，也会由此低估市场的危险。上涨50%，再跌50%，就意味着亏损了25%，这就是不亏钱比多赚钱更重要的基本算式。**信奉价值投资，未必会让你一直赚钱，也未必会让你比别人赚得更多，但可以让你少亏钱。**这就如同一个人去草原，一定会先做好防御狮子的准备，这样才能看到更好的风景。

一个严肃的投资者，不会总想着这笔交易能让自己赚多少钱，而会在买入之前反复地问自己，这笔交易如果亏损 20%，会不会感到难过？如果亏损 30%，会不会夜不能寐，如果被套牢两年，自己的生活会不会有所改变？别在问题出现了之后，再考虑自己是否能够承受，这毫无意义。

第二节 十年之虑和一虑十年

一、十年之虑

"如果你不想持有十年，就不要持有十分钟。"这是巴菲特最著名的几句话之一，流传甚广。但在很多人看来，这句话是在误导大众：哪有人能看得清十年后的样子？有些企业连老板都不知道企业三年后会发生什么，更何况十年。确实，十年之前，我们是想不到电话没人打、短信没人发的，一个微信就让这些变得免费，而且体验更好。在科技飞速发展的时代，十年是一个不小的时间单位了，十年之后的企业确实很难描述。

出发点至关重要，这决定了很多事情的性质！我们可以看错对未来的预期，但不能没有预期。一个负责任的思考，至少能给未来的实践提供一个方向，让我们面对不断出现的新情况之时，有一个可以参照的坐标，对了继续保持，错了就调整方向。**事实上，错误本身就是一个方向，在紧要关头，我们至少知道哪个选择是不必考虑的，有时候这很重要。**

很多时候，我们反思过去那些成功的投资案例之时，经常会发现最终的成功原因和刚开始时的买入策略大相径庭。但先要有

"虑"然后才会有"远虑"，一个优秀的投资人也不是所有的决定都正确，但他的自我修正能力一定要足够强大。正如高尔夫的绝对王者泰格·伍兹，他的一号木距离足够远，但经常会偏离球道，如果只看开球，他的排名会很靠后。但泰格·伍兹拥有天下无双的纠错能力，不管是打进长草还是掉在沙坑，他总能让球精确地落在果岭上。

不要怕犯错误，在充分研究的基础上，大胆设想，然后不断和现实结合，反复调整。这样才能让自己融入经营之中，始终保持与企业的同步，对可能出现的问题和利好，就会有足够的反应和理解。很多时候，即便深入研究很久的企业，也可能会随着市场或者科技的变化，而出现严重的经营问题。做价值投资，需要建立自己的纠错体系，甚至要设好基本面止损点，当买入逻辑发生变化的时候，哪怕是壮士断腕，也要果断撤离。

看十年，能承受的波动可能是两三年；看三年，能承受的波动可能是一年半载；看几个月，能承受的波动恐怕也就只有几周。如果一个人的投资考虑的是十年后的收获，面对市场的波动，甚至在面对一些非理性波动的时候，就不会有那么多的抱怨，反而会更珍惜那些真正低价的筹码。如果一个人的投资考虑的只是几个月的变化，那出现任何一种情况都有可能，买入之前就应该考虑到所有的后果。现实中，很多投资者在买入的时候，往往只看到了眼前的利好，对未来可能发生的隐患思考甚少。有时候即便有所考虑，也会觉得自己快进快出，不会那么倒霉赶上暴雷。而太多事实告诉我们，在越来越透明的市场上，觉得自己能捡到别人捡不到的便宜，把其他人当成傻瓜的人，一向都是那个最大的傻瓜。

思考企业的未来，可能起点只是一个不成熟的思路，但所有的果实都是从不成熟到成熟的。至少我们可以先把那些根本看不到十年利好的企业先否掉，这就离那些可以持有十年的好企业更进一步了。人无远虑，必有近忧。一虑便可看穿十年，那是没有几个人能做到的。但持之以恒地与市场、与行业、与企业的发展保持同步，不断地修正自己，这是每个投资者都应该做到，也必须要做到的事。如此，我们也就做到了十年之虑，时间会带给我们更好的回报。

二、确定性和时间，是散户的两大护身法宝

每逢市场大跌，很多人会彻夜难眠，不管当初为了什么买入的这只股票，面对回调，总有人心怀忐忑。有些股票，研究的时候是一个样子，买入后就是另一个样子，上涨和下跌时的样子是不同的。

股票还是那只股票，变的是人心。就像大海，远看风平浪静，近看却是一直起伏不定。如果你离市场太近，心态总是随着涨跌而起落，股市就充满了惊涛骇浪。如果你与市场保持足够的距离，可能看到的就是一片坦途。我经常建议一些新人入市后，多看年线和月线，少看日线，尽量别看分钟线，就是这个缘故。

"如果你不想持有十年，就不要持有十分钟。"巴菲特这句名言，不仅仅在选股上有价值，也能让我们更加理解时间对于投资的意义。我们看到一只股票，如果设定的时间是买入后要持有十年以上，就会更加慎重，研究也会更加精细。有的企业有一些看似不很严重的纰漏，如果我们想想这个问题十年后会衍化到多大，可能就不会疏忽大意，导致日后变得不可收拾。同样，一些企业

看起来问题多多，如行业已经进入稳定期，业绩增长缓慢，但这个看起来平庸的业绩如果确定性高，拉长到十年来看，其收益率也是可以让大多数人满意的。毕竟能在股市上长期盈利的人一直都是少数，不赔就超过90%的投资者了。

如今股市里最大的资金是公募基金，但公募基金直接投资在股市里的比例，只是较少的一部分，大部分资金是投在债券市场的。而纯债券基金的收益率，长期水平是在5%左右。在股市上，即便是大家一直都不屑一顾的建设银行这种"大笨象"，从2011—2020年这十年间，后复权股价的年化增速都有8.45%，这已经可以跑赢大多数公募基金的长期收益率了。

很多人来股市，想的就是一夜暴富，但门槛越低的地方，成功的概率就越小。有些人即便买了不错的股票，也会因为心态问题导致追涨杀跌，最终亏在牛市。与机构相比，散户由于没有每年的业绩考核，在时间上拥有绝对的优势，这也是唯一的优势。我们能做的，就是把这唯一的优势尽可能发挥到最大。可有些人从选股开始，就只看到了眼前，总是热衷于追热点，常常感慨某某股票自己没有买到。这种心态的实质，就是放弃了自己最大的优势。哪个热点会持续十年呢？如果一只股票有足够的确定性，尽管短期看起来收益率并不高，但复利会放大这种价值。而历史数据表明，大部分因为热点题材而暴涨的股票，最后收益率还是会回到它的长期 ROE 附近，这就是时间的意义。

轰轰烈烈的爱情容易靠不住，平淡如水的日子才能白头偕老。股市也是一种人生，时间和确定性是散户护身的两大法宝，拥有它们才能安然度日。当投资者犯错的时候，往往都是因为丢失了自己最好的护身符。

第三节　熊市生存法则

一、熊市初期：想穿越牛熊，先搞清什么是牛熊

　　熊市有两种，一种是全市场的熊市，如 2008 年和 2018 年；另一种是某些股票的熊市，如 2023 年，上证指数跌幅不大，但跌幅超过 30% 的白马股比比皆是。不管是哪种熊市，对于投资者来说都是一场残酷的洗礼。投资者经常犯的错误是在经过牛市甜蜜之后，看多情绪仍会延续。很多人在上涨的时候不敢买入，但出现一定的回调后，便开始跃跃欲试。在这种心态下，就经常出现抄底抄在半山腰的尴尬局面。

　　很多人买入一只股票的原因，是当时的股价比前几个月低了很多，估值看起来不高了，尤其是某些当初上涨的概念仍然有效。但牛市看顶，熊市看底，在牛市里用来憧憬未来的计算方法，到了熊市会变得一文不值，甚至还会起反作用。**在我的交易体系中，分市是非常重要的原则性问题**。就像看到病人首先要辨证，然后才能对症下药。把牛市的理念带到熊市，是很多人亏损的根源；反过来，如果把熊市的思维带到牛市，也是很多人踏空的原因。

　　很多"价值投资者"喜欢说：我不看宏观市场，只专注于企业价值，不管市场如何，我都会满仓穿越牛熊。但股价跌到一定程度之后，我们就会听到他们在不断地对市场进行抱怨。你在市场中找饭吃，却非要忽略它的存在，那市场就会告诉你，你所忽略的到底是什么！

　　价值投资原本是本好经，但把它念歪的人实在太多了。贵州

茅台在60多倍PE的时候，但凡有人说自己卖了茅台，总要遭到很多人的嘲笑，说这个人背叛了价值投资。还有很多人不断告诉自己的信徒，说好股票不需要卖出，然而最终他们选择了在20多倍PE的时候，卖出了珍藏的茅台。我们能举出很多这样的例子，无它，在牛市里以为是靠自己的能力在赚钱，实际上只不过赶上了牛市。而到了熊市，他们会重新开始审视自己，最终还是股价改变了他们的信仰。这些人的割肉，往往都很有代表性，他们不割，市场就不会见底。

还是回到估值上，很多人都想以估值为锚，去穿越牛熊。可大家首先要搞清楚，自己手中的股票会不会也是因为牛市才上涨的？企业在牛市里怎么做都对，可到了熊市，它们随时会变身。**分市这是交易的基本功**。对于很多人来说，最大的问题，是他们否认交易的存在，以为价值投资是不需要考虑交易的。价值投资的根本在于价值，当企业的基本面发生了变化，当企业的估值已经透支了四五年乃至更久的业绩，企业的投资属性就已经发生变化了。你还不交易吗？

价值投资与交易，从来就不矛盾。价值投资是一种理念，像武侠小说中的内功，而交易是一种执行，类似剑法。建立在价值投资基础上的交易体系，拥有更好的确定性和抗风险能力，这是内外兼修。脱离了价值投资的交易体系，也可以做一名外家高手，但容易练拳不练功，老来一场空。人是感情动物，再客观也有感情用事的时候。靠喜好去判断所研究企业的价值是人的天性，无可厚非，但这不是决定选股成败的关键。成熟的投资者，对于选股是有明确标准的，对于持仓更要有严格的纪律。不管自己的主观倾向如何，达不到标准就不买入，不满足条件就控制仓位。不是每个人都会做量化交易，但自己的投资体系如果没有数字化标准，没有清晰的交易逻辑，那自以为的理智也都是很感性的。

想穿越牛熊，得先搞清楚什么是牛，什么是熊。否则，投资者就很容易陷入南辕北辙的困境，意志越坚韧，损失反而会越大。

二、熊市后期：让子不让先

在熊市初期，市场上往往充斥着大量的高估值个股，那是所谓牛市留下来的后遗症。这个时候的跟风买入或者盲目坚持者，后面就可能变成接盘侠，会被牢牢套在山顶，有时候几年都解不了套。但经过了最凶残的杀跌之后，市场情绪进入极度冰冷的状态，成交量处于历史级别的低点时，我们反而要好好把握机会了。

在充分研究企业的前提下，我是喜欢做左侧交易的，即在市场出现明确上升趋势之前，就开始分批买入。因为在这个时候，很多股票的价值已经充分体现，我没有理由不去加仓并持有。

围棋中，在面对困境的时候，有一种选择叫作弃子。股市中，在面对明确的下跌时，甘愿付出一定的利润甚至成本，也是一种弃子。围棋中还有一句话，叫作"让子不让先"，做投资也是如此，一分钱都不敢亏的人，是很难在市场中有大的投资回报的。面对熊市，我的原则就是"让子不让先"。有多少好企业，只有在熊市，甚至是在大熊市中，才会出现少见的超低估值。我们年复一年日复一日地努力研究，就是为了在这种非常时期，能够穿过冷酷的市场，清晰地看到这些优秀企业是否仍然优秀。只要企业的商业模式仍然稳定，只要它们的产品仍然有绝对的市场话语权，那么在它们遇到短暂的困难时，就是最好的买入机会。

熊市不买股，牛市白辛苦。对一个严肃的价值投资者来说，之所以在牛市里能赚到钱，不仅仅是因为市场变好了，更是因为他能在熊市里拿到更多具有绝对安全边际的好股票，这样不管在什么样的市场环境中，他都可以更从容地安排自己的交易计划。

事实上，大多数投资者亏损最大的原因，就是因为在牛市中操作不当。在估值不断呈现爆发性膨胀的时候，在各种喧嚣的气氛烘托之下，如果我们手里没有足够便宜的股票，就很容易追高买入，然后面对市场的调整，处处被动。而在熊市里逢低买入，虽然可能会经历一段时间的心理煎熬，但优秀企业的内在价值会让你安心持有，不断增长的经营业绩会让你敢于面对股价的暗淡，这就是我们未来的盈利之源。

让子不让先，在熊市末期，如果我们手里时时刻刻都拿着好股票，就一直拥有先手，剩下的就交给时间吧。

三、熊市心态：能力不够还怕熬，那还做什么投资

在投资中，我们总会遇到很多意料之外的事情。**市场经常会出现大波动，进入这个市场，学会面对下跌是基本功，学会利用下跌则是最安全的盈利之道。**下跌原本便是上涨的一部分，就像上涨原本就是下跌的一部分。做投资，最可怕的不是下跌，而处在横盘。只要市场有波动，我们就有赚钱的机会，这是弹性。如果市场总是处在横盘，才是对投资者最大的伤害。投资的本质是时间，而不是盈亏，那只是顺带的结果。

找到那些能够长期盈利而估值不高的企业，拉长时间来看，每次下跌都是给我们加仓的机会。即便已经满仓，只要企业的盈利能力还在那里，跌得快涨得也快，我们承受了压力，但赢得了

时间，这个交易值得做。但要买入这样的股票，一定要做深入而又细致的研究，并保持相当长时间的跟踪关注后，才可以行动。我做的是职业投资，不会仅仅为了某种理论而让自己处于风险敞口的境地，毕竟这是我的一份职业，失败了就不会再有任何调整空间。我只会因为某些企业的价值已经大大高于当前的定价，而愿意与之不离不弃。

我的绝大部分持仓都是白马股，白马股之所以被称为白马，是因为它们经过了市场的长期证明。即便如此，在很多时候，我买入一只股票后，也会经历长时间大幅度的下跌。但这并不意味着原来的决定就是错的，关键不是股价的表现，而是企业经营上是不是仍然保持了向好的态势，业绩是不是按照我的预想去增长。如果是，我就愿意承受市场所有的波动。

很多时候，真正的好企业在出现明确的反转时，买入机会都是稍纵即逝的，毕竟关注它们的人太多了。我们没有机构那么多数据，也没有他们那么灵通的消息，只能在估值优势明确的时候提前做好布局，哪怕要为此承受一定时间的煎熬。

这个市场，从来就是90%的人都赚不到钱的。我们要想在这个九死一生的地方活下去，就得做到90%的人做不到的事。要想在这里多赚钱，就得做到99%的人都做不到的事。对于个人投资者来说，和机构相比，在能力、财力、物力、精力上已经处于绝对劣势，如果还是又怕痛又怕熬，我们的收益率凭什么比那些机构还要高？

有的钱就是熬出来的，熬的时候，才是我们真正超越机构的最好机会！能力不够还怕熬？那还做什么投资！

第四节　如何正确面对市场波动

一、根植企业，理解波动

一个新人，刚进股市，会觉得自己什么都不懂。沉浮几年之后，读了不少书，做了不少次交易，经历了牛熊转换，往往便开始有些膨胀，觉得该懂的东西都懂了。可一旦遇上持仓股的业绩爆雷，股价持续大跌，才发现其实那些懂的东西是如此不可靠。

理论是写在书上的，业绩是写在报表上的，这都是对过去已经发生事情的描述。可市场时时刻刻都在变化，总会出现很多我们没有见过，甚至没有听过的事情。2020年3月，美股连续熔断，连90岁的巴菲特都没有见过，对于我们来说，只要进入市场就得做好面临全新考验的准备。巴菲特说过，投资主要就是两件事，一个是给企业估值，另一个是学会面对市场波动。关于估值的书和文章，汗牛充栋，但如何面对市场，总结下来的经验却不多，或者每个人的情况都不一样，别人的经验也很难简单应用在自己身上，我们必须要全身心沉浸其中，才能真正理解。

我们看到有些大牛股，在十几年的时间里，业绩持续上升，股价节节拔高，似乎一帆风顺。纵观整个A股，以十年为单位，这些大牛股也都是历经了很多轮洗礼的，中间不管是经营层面还是监管层面，都遇到过不少波折，如果我们过于在意这些变动，那只能望着高涨的股价哀叹了。此外，在前进的道路上，我们也经常看到一些原本优秀的企业，路越走越窄，曾经的辉煌逐渐蒙尘，有些甚至已经消失在我们的视线中。如果我们买入之后，对这些企业置之不理，认为各种负面表现都只是短期效应，就很容易变成刻舟求剑，真到了股价暴跌，企业 ST 的时候才幡然悔悟，就已经于事无补了。

这就是投资的艰难之处，太在意市场和太忽略市场都容易犯大错误。究其根源，问题并不出在对市场的认识上，而是投资者没有能力穿越市场的迷雾，真正看清楚企业的本来面目。**所以，价值投资的一项基本原则就是不懂不做，如果我们不能看清楚一个企业，就不要买入哪怕一手股票。**

在刚入股市的时候，我经常听到一种传说，就是真正的高人轻易不出手，一键买入后就再也不看股票了，几年后几倍的利润轻松到手。也许世间真有这样的高人，可惜无缘相见。在我接触过的高手中，倒是一个比一个用功，对企业的发展进程一清二楚。有的嘴上说着就是玩玩，没用什么心思，可问他什么问题，他都了如指掌，可见其功力之深。对企业的研究是一个长期持续不可间断的过程，只是买入时看对，还远远不够，企业一直都处于变化之中，有自身的产品周期，有宏观经济的客观影响，还有监管层面的调控管理。当初的买入是一个点，这个点需要持之以恒的研究才能变成线，而把企业的研究融入自己的投资理念中，身体力行，才有机会让线变成面，直至立体起来。

在投资中，只有根植企业，努力让自己成为其中一部分，充分理解企业的每一个经营行为，才能分辨出那些短期异动背后的长期逻辑，别无捷径。

二、把现象当成本质，是股市亏损之源

我们在学习消防常识的时候，谈到救火，会被告之灭火之前

一定要先搞清着火的原因，对于木材、煤气、电、油等不同物质导致的失火，需要用不同的方法和材料。着火是现象，而着火的原因才是本质。

现象和本质，一直都是哲学的基础概念，在股市上我们也经常会面对这样的问题。对于有些人来说，首要命题就是价格包容一切，K线的形态和变化速度是其判断股价未来走势的重要依据。所谓的K线当然不是毫无意义的，但那只是现象，就如同火焰一样。救火先要搞清楚失火原因，否则就容易出现"火上浇油"的事情。把价格当成股票的一切，就像不分什么火先浇上一盆水再说，即便大部分时间里这是有用的，可一旦失策，后果可能就会致命。

股票是有市盈率的，上市公司的估值往往都比非上市公司高出很多。一个每年赚5000万元的普通企业，如果没有上市，有人肯出5亿元把它买下来那就是很好的价格了。可一旦上市，20亿元都有可能买不下来。股市风险的根源就来自于此，相比非上市公司，相似上市公司的估值可能会高出数倍，差别不一定是企业经营，而是股市的流动性。这个风险会随着价格的变动而变动，股价涨得越高风险就会越大，股价跌得越多风险就会越小。以此逻辑，应该股票越跌的时候买入越多，股票越涨的时候成交越少，但现实中却恰恰相反，天价天量，地价地量。大部分投资者都把价格涨跌当成决定性因素，所以股市出现这么多年，中国经济总量涨了几十倍，股市里仍是九死一生，只有少数人在赚钱。

股价是股票的现象，那么股票的本质是什么？从价值投资的角度来看，买股票就是买企业，买的是企业股权，享受的是经营和成长的红利。所以在市场波动比较大的时候，有人会跟着价格的节奏走，追涨杀跌成了家常便饭；也有人会坚定地以企业经营为锚，他们相信只要经营无忧，失去的股价一定会回来。

做价值投资是不容易的，尽管在理论上只要业绩在，估值早晚来，但短期股价经常被不明真相的投资者所影响，高估的还会再高，低估的可能会继续走低。守股的时候，寂寞难耐是一回事，冷言冷语和无数诱惑也经常会左右人的理智。买股票就是买企业，再进一步，买企业就是做企业！将自己化身为企业的一部分，才能真正享受到企业发展的红利。

在市场长期低迷，股价暴跌不止的时候，大家经常会呼吁企业出手回购。但有没有人想过，企业为什么会回购呢？如果把大股东也当成投资者来看，他只有对企业发展前景具有高度的信任，才会在市场最冷的时候买入自己的股票。这种信任很多时候并不需要过多的思考，这是长期管理企业时形成的深刻认识。如果把一家企业当成自己在经营，对于股价波动的敏感性就会降低很多，被股市流动性影响的价格变化，就像西游记里的妖怪逃不过孙大圣的火眼金睛。更何况，我们买入的那些优秀的企业，其管理者的能力要强出我们很多倍。我们看不清这个市场的时候，不妨选择相信那些优秀的管理者，当然你必须先确定他们足够优秀。

三、一年三倍易，三年一倍难

股市有句谚语，叫作"一年三倍易，三年一倍难"。一年三倍当然不容易，即便运气很好的人，能做到的也是凤毛麟角。但这句话的意思，是三年一倍会比一年三倍还要难。看看股市的起起落落，大涨大跌是经常会发生的现象。

人总是有自己的路径依赖，有时候风来了猪都能上树，投资者往往会觉得这是自己的能力体现。但风走的时候，他再延续这个路径，涨一倍亏 50% 就会回到原点。底是圆的，被磨圆的，涨起来总是很慢；顶是尖的，光滑锐利，滑下来只在瞬间。在技术分析的体系中，支撑位如果被跌破就会变成压力位，压力位如果被突破就会变成支撑位。因何生，就会因何死。

有的投资者，胃口总是越吃越大，会不断在高位继续加仓。即便有时候能适可而止，也经常因为股价继续上涨而重新入局。很多时候，这就是一个坑。一只股票翻倍，他也许能吃掉其中的大部分涨幅，但之后的下跌，却很容易就吃下了全部跌幅。更有甚者，下跌的时候抓反弹被埋，割肉后股价却出现了上涨，于是继续重新入场，然后再被埋、再割肉，反复被打耳光，这样的操作也是屡见不鲜。不管是路径依赖，还是操作无方，都很容易让看起来很丰厚的利润，在谈笑间灰飞烟灭。创业难，守业更难，赚钱难，留住钱更难。

股市里经常会出现热点，大多数人心目中的股神，都是那些总能抓住热点的人。这些人手里握着大量牛股，对市场切换了如指掌，从来不会被套，天天都在赚钱。在某一时段里，我相信这样的人是存在的，正如我相信做到一年三倍的人肯定会有。但拉长时间，哪怕能连续踏准三年内的股市节奏变化，这样的人就微乎其微了。股价上涨，一种靠业绩，另一种靠估值。靠业绩赚钱，一年三倍是很小的概率。那么追求这种超高收益的人，或者是炒概念去赌估值的倍数增长，或者通过频繁操作，想让自己踩准每个风口。但买卖是要双方都接受才能成功的，偏离价值越多，卖出的机会就越小，暴跌的可能就越大。

每年都找那些最热门的股票，做到一年三倍是有可能的，但在赚钱之前会亏多少就很难说了。运气不好的话，赚三倍都未必能回本。曾经有一只热门股，过去一年涨了三倍多，但在此之前整整七年都没涨过，后面还会跌多少年也很难讲。我们在网上听到过很多传奇故事，但在各个机构的公开业绩中，能在十年时间里，保持年化复合收益率超过20%的基金都为数寥寥。有些钱是因为不懂才能赚得到，有些钱是因为懂所以赚不到。很多高收益，都来自于孤注一掷。这个市场光怪陆离，用短时间的钱来证明永远正确，这本身就是件冒险的事。某些人的爆仓，就是因为他之前赚得太多了。

我一直都不做热点，只做那些不容易冷的企业。有些赚钱的方式看起来很聪明，但我始终相信种瓜得瓜、种豆得豆。而种地是要挖坑的，有些累、有些脏，在你播种的时候，又总有人会笑话你在浪费粮食。没关系，如果三年后能有确定性更好的一倍收益，我宁可放弃眼下所谓一年三倍的机会。事实上，如果我们真的是在实业中收购一家企业，你会买那些一年赚100万元，却向你开价2亿元的企业吗？绝大部分每年盈利100万元的企业，连2000万元都卖不出去！买股票就是买企业，每个人都会说，但能做到的有几个？

说个比较现实的话题，各个股票论坛上看起来聪明人很多，但实际上那里90%的人都是赚不到钱的。少听那些传奇故事吧，忘掉所谓的财务自由，别看着他人的收益曲线眼红。在这个市场上最重要的是活得久，老老实实，规规矩矩，认认真真种好自己的地，收获只能来源于自己的播种。

四、我为什么喜欢下跌的股票

投资当然是为了赚钱，但很多时候，越想赚钱就离钱越远。如同赛马，总盯着别人的马，就会忘记如何驾驭自己的马。投资一直都是九死一生的事情，失败再正常不过了。想赢，先问问自己凭什么。有些钱是靠知识赚的，有些钱是靠努力赚的，有些钱是靠风险赚的。还有些钱是靠运气赚的，但谁知道怎么积攒运气？有人把赚钱当成好运的结果，这就是价值投资者和其他类型投资者最大的不同。所谓价值，就是投资中那些运气所改变不了的东西。如同我们把某人的成功，归功于时代和命运的眷顾，但实际上，拥有同样好运的人也不在少数，最终走向舞台中央的，只有那寥寥数人而已。运气不好的时候，仍然毁灭不了的东西才是价值。

投资为什么这么难？考高中，是和全市的学生一起竞争；考大学，是和全省的学生一起竞争。竞聘一个大企业的热门职位，可能是和全国的人才在比拼。而投资，则是和全世界最优秀的人在交易。这个世界上的富豪们，大多都有强大的人格魅力，他们的魅力不仅仅是财富所带来的。有时候，在电视上无意中看到一个人，当你不知道他是谁的时候，一样会被他的气度所折服。腹有诗书气自华，一个人的思想境界到了，他所专注的东西都不会差。更可怕的是，这些全世界最优秀的人，往往还是全世界最努力的人。

投资股票之前，先要投资自己。这世界上有很多好东西，唯一的问题是你能不能配得上，毕竟有那么多优秀的人也想拥有这些。绝大多数投资者都是普通人，我们要想在股市上取得成绩，没有更多可以借力的东西。你知识丰富，有人比你知识更丰富的；你在坚持不懈地努力，有人比你更努力的；你敢冒险，但运气却总是和你擦肩而过。

这里是交易的地方，想要得到什么，就得拿东西来换。所以在股市里被风吹浪打了十几年之后，我决定走一条别人不愿走的路，拥抱左侧，拥抱下跌，去承受别人不愿承受的逆市。这条路上行人稀少，正是我喜欢的环境。山是山，水是水，每个人眼中的山水都不一样。即便买入的是同一只股票，也有可能是完全不同的投资理念。那些把注意力集中在市场上的人，随风而动，总想趋吉避凶，这是人的天性。既然是天性，那就是绝大多数人都有的，在这个只有少数人长期生存的地方，大多数人都有，也就意味着离失败更近。

说起道理，大家都知道在基本面不变的背景下，估值越低越安全，估值越高风险越大。降估值有两种方式：一种是业绩比股价涨得快，这种方式难度大而且需要时间；另一种则是股价下跌，跌得越快估值降得就越多，这种方式效率高，但没多少人会喜欢下跌的，以前如此，以后也是如此。

有些东西不是多读书就能读出来的，就像在驾校里听教练讲得再多驾驶技能，上路后感受却完全不一样。很多人都有这样的感触，学过的价值投资理论往往在实践中难以应用，原因不是理论错了，而是人的心境不到。有些路看着宽，但越走越窄；有些路看着窄，但越走越宽。不断学习，不断进步，不断让自己更加充实。当我们看清真相，并能让自己的心境更加强大的时候，惊涛骇浪也就无异于风平浪静了。

懂得价值是重要的，但更重要的是让自己有价值。

第五节　长线持仓需要坚守的七大原则

看了很多书，听了很多道理，有的投资者便下决心去长期持股穿越牛熊了。大家会找出很多成功的案例，如巴菲特持有了30多年可口可乐，某投资者持有了十几年贵州茅台等。但自己真的开始执行长期策略的时候，往往会发现很多东西和传说中大不一样。**做长线可以规避短期波动，但这个规避是指不会因为股价的短期涨跌而失去仓位，绝不是说做长线就不会迎来股价大跌了。**事实上，持有的时间越长，我们遇到暴跌的可能性就越大，有时不但会遇到暴跌，还会遇到长期而又持续的阴跌，这比暴跌的伤害性还要大。

巴菲特当年买入可口可乐的时候是赚了大钱的，但从1998年开始到2011年，可口可乐用了13年才创出股价新高。而贵州茅台大家就更熟悉了，2007年的高点，到2014年才真正突破过去，这期间股价也有过反复被腰斩的惨痛经历。持有这些超级明星股还算好的，主要是杀估值，品牌和业绩还能带给持股人强烈的坚守信心。如果我们买入的是一只遭遇了业绩和估值双杀的股票，就不仅仅是能否拿住的问题了，甚至有可能会出现崩溃性伤害，损失的不仅仅是时间，还有不可逆的本金。

对于长线持仓，风险防范和操作纪律都是至关重要的，千万不要邯郸学步。下面是长线持仓需要坚守的七大原则，供大家参考。

一、长线持仓是结果，不是原因

很多人把价值投资与长线持有画等号，其实这里面并没有必然的联系。大部分投资者持有时间最长的股票，都是因为被套牢了不想卖掉而已。长线持仓，只是企业始终在自己的预期中发展所产生的结果。如果一开始就想着一定要长期持有，就容易为了持有而持有，面对一些问题的时候，主观情绪会让自己忽略风险的级别和破坏力，这是投资的大忌。

二、选择商业模式足够清晰的企业

长线持仓当然是因为看好企业的长期发展，这种发展一方面要有足够的成长性来化解时间成本，另一方面（也是更重要的一方面）是必须要有足够的确定性。成长性不足最多是收益少点，但确定性出现问题，持有的时间越长，对投资者的伤害就会越大。做长线，尽量选择那些商业模式已经足够清晰的企业，其所处行业具有长期生存价值，而企业在行业内的位置又有足够宽的护城河来保护。

有些企业看起来比较强势，而且这种强势也是经过较长时间验证的。但仔细分析起来，我们会发现其强势的背后，是因为某种产品或者某项政策。除了茅台、片仔癀等少数企业外，大部分企业的单项优势都不能上升到商业模式的层级，很多时候都是一个产品的没落，就能毁掉一家企业。

三、如果在估值高的时候买入，要准备好持有更长的时间

买入股票的时候，经常犯的错误有两种，一种是买贵了，另

一种是买错了。买错了没有什么好犹豫的，发现之后就需要立刻止损。但买贵了是否需要壮士断腕，还要看投资者的预期和承受力，毕竟有些贵点的好企业，是可以通过时间来逐步降低估值的，最终让这笔投资看起来更合理。

长线持仓不必心急，我们有时候可以先买到再考虑能赚多少。但所买企业的估值较高的时候，在心理上就需要做好充分的准备，要预留出一定的时间，用以等待估值的回归。如果这个时间是我们难以接受的，那最好还是等一个更合适的机会，千万不要侥幸，赚钱永远不怕晚。意外收获是好事，不必要的成本往往会给投资者更大的打击。

四、和企业一起学习，和市场一起成长

有的时候，买入股票之后，可能几年都不会有交易。但对于严肃的投资者而言，这绝不意味着是躺赚。买入之后可以关闭账户，但不能放弃对企业的跟踪。我们所处的时代，科技的迭代速度越来越快，这直接影响到消费者的购买习惯，进而加快市场喜好更替的节奏。即便是贵州茅台这样确定性很强的企业，十几年来从基酒的产量、系列酒的发展到营销渠道的变革，也都发生了不小的变化，更何况那些内卷程度越来越严重的行业中的企业呢。

投资是一个需要终身学习的工作，长期收益绝不是靠运气得来的，拉长时间来看，投资者的收益就是他认知能力的变现。当企业的经营不断发展的时候，我们需要对买入逻辑是否发生变化始终保持关注。走得太远以至于忘记了初衷，这是投资中常见的事，只有把自己融入企业和市场，才能配得上它们的成长。

五、企业经营是评判市场情绪的唯一标准

在投资中，我们经常会遇到各种新鲜事，如 2020 年 3 月就发生了 90 岁的巴菲特都没见过的美股连续出现熔断。投资者认可的价值一直被踩在脚下，而有些烂股却毫无道理地大涨特涨，这是每隔一段时间就会发生的事。市场从来不相信委屈和抱怨，投资者总觉得自己没有犯错误，感慨为什么会遇到如此奇葩的市场，但这种感慨完全没有意义。万物皆有周期，再好的股票也不可能天天涨。**做长线的意义就在于，让投资者专注企业的经营，远离交易思维，避免市场情绪带来的干扰。**

只要业绩在，估值早晚来。而决定企业长期业绩的唯一因素，就是其自身的经营。我们看到太多成功的企业家，他们中很多人的企业甚至都没有上市，哪里有估值的收益而言。有时候想象一下自己是一家非上市公司的合伙人，会让我们更加安心地持股，因为这样我们只能专注经营。

六、充分考虑风险，保持适合自己的持仓结构

仓位控制，是投资中几个最主要的核心能力之一。有时候，企业如期发展，股票一切正常，但投资者因为意外而不得不卖出，这是最可惜的。对于一些职业投资人来说，由于主要的收入都来自于股市，就更需要考虑自身未来的资金需求。面对自己看好的股票时，要给自己留有余地。一些投资者的仓位过于集中，对风险和意外的应对能力自然会因此下降。控制好持仓结构，让高中低弹性的股票，和长中短的持仓结合起来，这在上升趋势中可能会影响收益，但在可能性风险的防范上，会让投资者更加从容。

当然，只拿一小部分资产投入股市的人，可以忽略此项原则，他们在配置资产的时候，已经做了持仓结构的安排。

七、严格执行基本面止损点

因何买？因何卖？在投资中，再长期的持有也不会天长地久，所有的股票，我们都有卖出的一天。很多时候，投资者买入的理由很充分，但卖出的标准并不清晰，这是经常会遇到的事情。反映到交易中，就会出现很多坐过山车的情况，更严重的是企业基本面已经出现了明显恶化，而投资者却陷入惯性思维，这对长线持仓者来说，造成的伤害会非常严重。

做短线的人，是需要设置止损点的，一般都是以技术点位或者回撤幅度为标准。**做长线，也需要设置止损点，只不过这个止损点是基本面的。**最清晰的基本面止损点，就是当初的买入逻辑。譬如，投资者是因为看好公司的某种产品才买入的，那么当这种产品被其他竞品威胁到市场地位时，买入逻辑就发生了变化。一旦买入逻辑发生变化，投资者就必须要认真考虑止损问题了。在基本面止损点出现的时候，持仓成本和市场热度都要放到次要位置，千万不要犹豫，更不要随意更改当初的止损设定。能够促使人买入的投资逻辑，一般都是有足够说服力的，这种底层逻辑一旦出现变化，后果往往都会很严重。

最后再加一点，这不是原则，但对长线持仓者至关重要，就是习惯挨骂。投资者未必都会长线持仓，但除了那些因为被套牢而躺平的人，长线持仓者基本都是在做投资而不是来炒股的。这世界上还是炒股的人占据多数，在一些人眼中长线持仓者就是异类，他们会嘲笑你的理念，诋毁你的声誉，讥讽你的股票。尽管看起来很可笑，但确确实实有很多人会被这种环境所影响。下士闻道大笑之，不笑不足以为道，一向如此。

如果你的持仓时间是以年为单位的，就不必在意短期的涨涨跌跌，终局时刻实现自己的预期目标就好。如果你的持仓时间是以天为单位的，就不要抱怨市场怎么会如此不讲道理，市场大部分时间都在被情绪左右，只不过从长期来看情绪仍然要围绕价值波动。投资中有些东西是需要磨的，这个"磨"，谁都帮不了你，只能自己承担。

第六节　伪价值投资者害人害己

一、有些人未必真正理解价值投资

价值投资的核心，在于如何判断企业的价值。但太多所谓的价值投资者，更关心的是如何"坚守"那个所谓的价值。他们每天反复研究要保持什么样的心态，要长期主义，要延迟满足，要相信均值回归，但对企业正在发生的变化，却茫然无知。这种一知半解的伪价值投资者充斥网络，也让很多人误以为学到了某种心法，因而就可以穿越牛熊了。我们做投资，必须要老老实实去研究企业，去理解经济和行业，这是笨功夫，省不得。否则，即便把价值投资大师的各种语录和案例背得再好，可一谈到企业经营层面，从产品到消费群体，从现状隐忧到发展空间，都流于表面，只会说"市场不可预测"或者是"牢牢拿住伟大企业的股权"，以此掩盖研究能力的孱弱，这就是自欺欺人了。

研究企业是枯燥的，对战略、财务、管理、营销、研发等各方面能力的要求都很高。有些人未必就是真理解价值投资的理念，他们只是想用这些理念来掩盖自己研究能力上的缺陷。可悲的是，很多人深陷于此却不自知。更可悲的是，还一直有人不断地加入这个阵营，并经常为此沾沾自喜。这些人也许自己都没有意识到，他们实际上就是些刻舟求剑的赌徒，赌的是所持有企业还没有进入平台期甚至是衰退期。企业总有兴衰，没有谁会永垂不朽，巴菲特过去几年要是没新买入苹果，只靠原来的那几个企业，他这几年的收益率会下降多少？

那些张口闭口"伟大企业"的人，今时今日，能不能说一下在现在的 A 股中，哪个企业是伟大的企业？哪个企业能改变世界？哪个企业又能不被世界改变？随着地产股折掉一条腿，一大批过往的白马股，都将再不复往日风光，继续刻舟求剑是件很危险的事。要做价值投资，我们有空多研究些企业的经营，否则真是害人害己了。

二、价值投资中的教条主义，可能是投资者最大的噩梦

现在对价值投资的误解越来越多了。股市刚开的时候，股民们几乎没有什么股票相关知识，都是捕风捉影，听消息炒股。后来开始有了技术分析，看线、看量、看指标，最流行的是短线是金，可以完全无视企业的基本面，纯炒。

大部分价值投资的经典书籍，是在十几年前才上市的。尤其是 2008 年之后，一部分经过股市惨痛洗礼的股民们，痛定思痛，决心把胜率放在赔率前面，开始更多关注企业的经营和成长，开始把估值放在了概念之上。但这个时候，真正的价值投资者也并不多，直到 2015 年经历了几轮千股跌停，2016 年开年又惨遭熔断

之后，市场的主流思维才转到价值投资的方向上来。在 2017 年那轮白马小牛市之后，价值投资的书籍、投资群越来越多。

可以说，在 A 股市场上，价值投资是随着一轮轮暴跌而逐步发展起来的。投资者深入研究企业价值，从商业模式到产品追踪，用数据说话，用估值取代梦想，这是一个巨大的进步。但今时今日，有些人在学习和应用价值投资的过程中，却越来越教条，对某些价值投资理论生搬硬套，这也是一件可怕的事。从某种意义上来说，那种脱离了自己能力范畴的"价值投资"，对投资者的伤害反而可能会更大。

我们学习的价值投资经典理论，都是大师们从长期的市场实践中总结出来的，价值巨大。但普通的个人投资者一定要明白，大师们基本上都是机构投资者，除了思想高度外，他们的人力、物力、财力、朋友圈和我们有着巨大的差异，所处的市场环境和监管环境也有着明显的不同，学者生，似者死！我的第二本书《个人投资者的股市生存之道》的核心思想就是：对于大师我们要学习他们的思想精髓，但绝不能简单机械地照搬照抄。譬如，大师们可以满仓穿越牛熊，但对于绝大多数个人投资者来说，在这样做之前，一定要考虑清楚自己能否承受这样巨大的压力。

毕竟每个人的生活环境和资金状况都不一样，很多人赔掉几十万元之后，老婆都要闹离婚了，不但加不了仓，可能以后炒股的资格都要被取消掉，这时候的亏损就会是永久性的。但现在的年轻人，大部分都是一边还着房贷，一边投资股票，这实际上就是在用杠杆，要是完全不用杠杆的话，股市里还能剩下多少人？

说到投资，大师们会建议要用闲钱，或者长期不动的资金。但对于普通人来说，闲钱都是相对的，天有不测风云，当你最需要加仓的时候，可能会有突然的开支出现，前面的浮亏一下子就变成了真亏。**对于个人投资者来说，做投资首先要研究的不是企业，而是自己**。知人者智，自知者明；不知人可能会败，不知己则可能血本无归。做投资一定要量力而行，千万不要教条。违反价值投资宗旨的事情，我们要勿以恶小而为之，但符合价值投资理念的，却不一定必须照做。

第七节 巴菲特最被低估的一句话，可以救命

巴菲特有很多经典语录，一直被广为传颂。最著名的有"别人恐惧我贪婪，别人贪婪我恐惧""人生就像滚雪球，最重要之事是发现厚雪和长长的山坡"，等等。有一句话，大家应该也听到过，但很多时候这句话的价值都是被低估的，就其重要意义来说，也许这是巴菲特最被低估的一句话了。这就是——"为了追求没那么重要的东西，要拿自己很重要的东西去冒险，给我多少钱，我都不会做！"听过这句话的人，恐怕没有谁会认为这是在说自己。谁会傻到拿出藏在箱子深处的黄金，去换几个普普通通的螺丝钉呢？但在股市里，这样的故事每天都会发生，甚至大多数投资者一直都在做这样的事情，却不自知。

提起赌博，大家都知道是陋习，但对于很多人来说，他们每天的交易就是在赌。大多数投资者，根本就没完整地看完持仓股的年报，他们对股票的理解，主要就是看趋势。而这个所谓的趋势，不过是股票涨了。

总有人会私下里问我，手里被套的股票该怎么操作。这些投

入的钱，可能是原本想用来买房的，还有的是子女未来上学的教育经费，都是亏不起的。可大多数人都觉得看到了机会，想在资金还没有使用之前，再去多赚一点。这就应了巴菲特的一句话："他们买入那些了解不多的股票，只不过是想赚一些零花钱，但投入的却是对家庭至关重要的资产。"赚了也不会有多少，可一旦被套，对生活的影响就非常大了。

对于普通的业余投资者来说，一定不要用自己亏不起的钱。即便是那些有一定经验的投资者，也不要用让自己感到很大压力的资金。同样一块木板，离地十厘米，大家都可以很轻松地走过去，可要是离地十米，很多人站在上面就会两腿发颤，连脚都抬不起来了。让你有压力的资金，会让你的操作变形，如果这个时候买入的，而且是并没有经过深入研究过的企业，那成功的概率就更低了。市场跌了三年，不断有个股暴雷，又总是有人在下面接盘。很多人对暴雷根本就没有深入研究过，只是简单算几个数字，就敢大举抄底。

2021 年 9 月，在房企出现接连暴雷的时候，我把手里的地产股仓位大幅度调到了万科上，因为我看不清民营房企后面会是什么结果。2022 年初，一系列的事件，让我感觉低估了现状，又把万科的仓位调到了几家头部央企上，进一步强化了信用。这一年出现了历史级别的大跌，但全年下来，这几家央企却都是红盘。2023 年 7 月，当地产月销从高处回落后，我清掉了所有的地产股。我知道地产肯定还会回来，但即便是央企，在这个过程中会发生什么，也是很难预判的。在出现大周期逆转的形势下，即便有博弈的机会，也很难赚到多少收益，可一旦环境比自己预想的还要复杂，那后面的损失，就可能会远远超过自己的预期。

"为了追求没那么重要的东西，要拿自己很重要的东西去冒险，给我多少钱，我都不会做！"巴菲特这句话，在过去这三年里，对我至关重要。大跌数年之后，很多个股看起来都很便宜，但如果你不看好它的长期逻辑，这个交易对你来说就没有那么重要，绝不是必须要做的。可一旦看错，股价经过腰斩之后可能还会有腰斩，这个代价真不是谁都能承受的。每一位投资者，在买入之前先想想巴菲特这句话吧。然后问问自己："这次交易，值得吗？"

十大白酒企业价值发现

第六章

第一节　白酒龙头的更替

在 1952 年举办的第一届全国评酒会上，山西杏花村汾酒、贵州茅台酒、泸州大曲酒和陕西西凤酒被评为四大名酒，其中茅台酒名列榜首。当时五粮液由于尚未正式建厂生产，所以并没有参加本次评选。泸州老窖建厂于 1950 年，茅台建厂于 1951 年，五粮液则是 1952 年成立的。几大酒厂正式创建之后，中国白酒的生产条件和酿酒工艺都有了翻天覆地的变化，远远不是以前的作坊时代所能比拟的。而且当时几大酒厂都属于国有，彼此之间经常进行技术交流，某些酒厂的产品甚至是全国征调专家集思广益的结果。各地基本保持了自己的传统风格，但在具体酿造和调酒技术上，相对传统工艺都有了很大的提升。

1963 年，第二届全国评酒大会举办，这次大会汇集了全国各地的主要白酒品牌。五粮液在众多参评白酒中获得了第一名，与古井贡酒、泸州老窖特曲、全兴大曲、茅台酒、西凤酒、汾酒、董酒一同被业界称为"老八大名酒"。这八大名酒，基本上奠定了中国白酒的品牌格局。到 2023 年，贵州茅台、五粮液、泸州老窖和山西汾酒，正是行业利润规模排在前四位的酒企。

在相当长的一段历史时期内，白酒的发展与国力密不可分。从 1951 年开始，白酒成为专卖品，纳入了计划管理。酒企的发展主要取决于能得到多少粮食配额，形成多大产能，销售上长期处于供不应求的状态。1949—1978 年，全国白酒产量从 10.8 万吨增长到 143.7 万吨，年复合增长率只有 9.3%，主要原因还是粮食供应不足。20 世纪 80 年代之前，粮食都长期处于紧缺状态。这期间，泸州老窖的行业地位长期领先各家酒企，究其原因：一方面是凭借技术体系化的优势，酿造工艺出众；另一方面则是单粮酒更加节省主粮，符合时代需要。1988 年，泸州老窖的产销量达到了郎酒、剑南春、五粮液、全兴大曲四大名酒的总和。

20 世纪 70 年代末到 80 年代末这段时间里，随着改革开放的推进，人们的消费能力和消费欲望与日俱增，对白酒的需求也在不断增加。期间，白酒的税率从 60% 降到了 30%，同时生产指标配额也被全面放开，行业得到了快速发展。1978—1988 年，全国白酒产量从 143.7 万吨增至 468.5 万吨，10 年年复合增速达到了 12.5%。在粮食已经不是主要的限制性条件后，这个时候最重要的是产能。这个时候，清香型白酒酿造周期短、产量增长快的优势就充分体现了出来，山西汾酒成了连续多年的销量冠军。80 年代末期，汾酒的营收，甚至超过了白酒企业排名前十位中后九位的总和，成为行业的新龙头。

1988 年 7 月，《放开名烟名酒价格提高部分烟酒价格的宣传提纲》正式下发，规定主要白酒品牌的价格，"由企业按市场供求自行定价"。这份文件，对白酒行业的影响非常深远。当时山西汾酒和泸州老窖等酒企，选择了做价位低廉的"民酒"，而贵州茅台和五粮液等酒企，则选择了走高端路线的"名酒"。从后面的发展情况来看，随着国人收入的不断提高，对产品品质的要求也与日俱增，优质白酒得以不断提升酒价，与普通白酒之间的差距越来越大。

到了 1994 年，五粮液开始取代山西汾酒，正式成了白酒行业的新龙头。此时的五粮液，一方面大力扩张产能；另一方面在全国范围内不断发展专营酒和贴牌酒，销量迅猛增长。而同期的贵州茅台，由于产能瓶颈长期得不到突破，虽然品牌形象一直位居行业前列，但销售规模和利润规模都明显落后于五粮液。五粮液的贴牌酒，虽然在短期迅速扩大了市场覆盖面积，提升了公司的市场份额，但在长期发展过程中，酒质良莠不齐、品牌内部竞争激烈等问题就开始逐步显现出来。很多消费者分不清哪些是正宗嫡系产品，哪些是贴牌产品，甚至很难分辨出哪些是其他厂家滥竽充数的产品，这对五粮液的经营造成了非常大的负面影响。

在这个过程中，贵州茅台也成功在 A 股上市，不断扩大自己的产能。和当时的五粮液不同，贵州茅台始终把茅台品牌放在最核心的位置上，全力打造"国酒"的形象，其高举高打的策略，赢得了众多高端消费者的支持。到 2008 年左右，虽然在产能和销售规模上，贵州茅台与五粮液仍有差距，但飞天茅台的价格已经超过了五粮液，成为量产白酒产品价位的制高点。

在从 2012 年开始的白酒行业危机中，贵州茅台一直坚守着不降出厂价的底线，而其他白酒品牌则出现了严重的价格倒挂，出厂价普遍低于终端销售价。经此变故，贵州茅台正式在营业收入和利润规模上同时成了行业龙头，并一直领先到现在。从图 6-1 可以看出，一家酒企的发展，最重要的是能够紧扣时代脉搏。泸州老窖的单粮优势，山西汾酒的产能提速优势，五粮液的市场覆盖优势，贵州茅台的品牌内涵优势，都充分满足了各自相对应的时代发展需要，这是它们在众多酒企中脱颖而出的核心原因。

从当下消费需求的发展趋势来看，对白酒品质和品牌的追求，将会是一个长期持续的主题。在此方面，贵州茅台在行业内仍然处于绝对的领先位置，并有进一步扩大的可能，我们暂时还看不到谁能威胁到它的龙头地位。

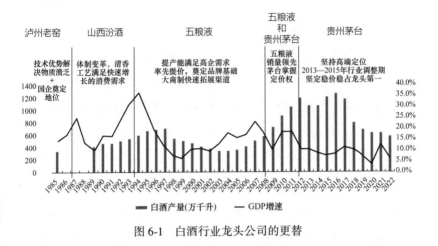

图 6-1　白酒行业龙头公司的更替

第二节　贵州茅台

　　贵州茅台是白酒行业的第一品牌，是量产酒中可以卖到 2000 元以上的唯一品牌。2023 年，全国白酒行业完成销售收入 7563 亿元，实现利润总额 2328 亿元。其中贵州茅台实现营业总收入 1505.6 亿元，归母净利润为 747.3 亿元，占比分别为 19.9% 和 32.1%。目前，贵州茅台不仅是白酒行业，更是整个酿酒行业中的绝对龙头企业，遥遥领先所有酒企。

一、茅台的历史发展

　　茅台镇的酿酒文化源远流长，汉武帝时期茅台镇的"枸酱"酒就已经成为朝廷贡品。之后其酿酒工艺连绵不断，一直延续至今。新中国成立前，当地的白酒生产规模并不大，一些较大的作坊的年产量也就是几十吨。1952 年，在整合华茅、王茅、赖茅三大作坊的基础上，茅台酒厂正式成立。当年 9 月，茅台酒便在第一届全国评酒大会上夺冠，成为四大名酒之首。

白酒企业都喜欢讲历史，各主要酒厂的工艺确实是经过数百年历史沉淀下来的，但受到新中国成立前的环境制约，以及 20 世纪 70 年代之前粮食限额等问题，都严重影响了各家酒企的生产水准。作为酱香型口味开创者，茅台在产品上真正的突破，是在 1964 年。当时由"白酒泰斗"周恒刚先生带领从全国各地抽调来的科研精英，在 1964—1966 年，于茅台酒厂分两期进行了茅台酒生产试点。经过数万次勾兑，终于确定了茅台酒酱香、醇甜和窖底香这三种典型体的划分。

三种典型体，成为茅台酒可以在标准化的基础上进一步扩大产量的基础，可以持续、稳定地勾兑出酱香突出、优雅细腻、酒体醇厚、回味悠长、空杯留香持久、风格独特、酒质完美的茅台酒，并命名为"酱香型酒"。这也是中国白酒香型划分的开始，由此白酒工艺进入了一个全新时代。

之后茅台酒进入了一个从品质到产能明显提升的阶段，并成为国家出口创汇的重要产品。1966—1968 年，茅台酒厂年外销量增至 80 吨左右，占总销量的 40%~50%。但由于在当时的生产工艺中，粮食消耗、存酒环境和包装工艺导致的成本偏高，而且税率高达 60%，导致了茅台酒厂长期处于亏损状态，产能也被严重抑制。直到 70 年代末期，茅台酒厂才进入了"以提高经济效益为中心"的发展阶段，通过降低成本、提升酒质的多方面努力，正式开始了全面盈利的经营状态。到了 1989 年，茅台酒厂的营业收入、利润总额、产量分别达到了 10426 万元、3237.97 万元和 1728.8 吨。

从 20 世纪 90 年代开始，白酒的产能迅猛扩充，从行业整体来看不再有稀缺性。但居民收入开始进入快速增长阶段，高端白酒始终供不应求，这也加快了茅台和五粮液明显领先其他酒企的速度。从 1995 年开始，五粮液的终端价格超越茅台，成为白酒行业价格的制高点，其后茅台一直扮演着跟随者的角色（见图 6-2）。但在此期间，五粮液复杂的产品线影响了主品牌，而茅台始终坚持以飞天茅台为核心，强化酒质和品牌。

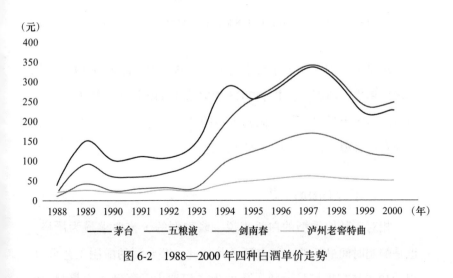

图 6-2　1988—2000 年四种白酒单价走势

2005 年，茅台的净利润超过五粮液；2006 年，茅台的终端价格超过五粮液；2008 年，茅台的出厂价超过五粮液；2013 年，茅台的营业收入超过五粮液。自此以后，茅台成为白酒行业的绝对领导者，并不断加大和同行们之间的差距（见图 6-3）。

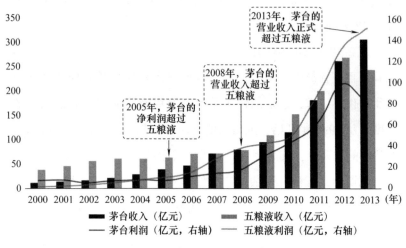

图 6-3　2000—2013 年贵州茅台和五粮液的营收和净利润

2022 年 1 月，贵州茅台推出了系列酒的大单品茅台 1935，上市之后销售一路飘红，并于 2023 年完成了 110 亿元的销售额，成为白酒市场上最快达到百亿元级别的产品。这对茅台在千元价格带的布局来说，是一个里程碑式的胜利。

二、茅台的酿酒工艺

相对于其他香型的白酒来说，酱香型的工艺要求最为严格，也是酿制时间最长的，茅台酒尤其如此。茅台酒的酿制工艺可以用 "129875" 来概括，即 1 年的生产周期内，要做 2 次投料、9 次蒸煮、8 次发酵和 7 次取酒，再送至专业的存储环境中存放 3 年。届时对不同轮次的基酒和老基酒进行勾调后，继续存储一年时间，才可以装瓶面市，整个酿制时间需要 5 年。

茅台酒的主要原料是红缨子高粱，这种高粱粒小皮厚、耐蒸煮、富含淀粉，是茅台酒酿造过程中不可或缺的原料。而酿酒用的水，是来自于茅台镇周边的赤水河。这种独有资源，加上茅台镇特有的生态环境，决定了真正的茅台酒只能在茅台镇才能生产。7次取酒，每次得到的酒精度都是不一样的，后期并不是通过加水来降低度数，而是通过把不同度数的基酒进行勾兑，最终调制成53度的成品酒。

虽然从生产到终端销售，至少需要5年的时间，但刚面市的茅台酒仍然不是品质最佳的时候，一般需要再存放3年以上。存放10~15年的茅台酒，口感更佳。有些老酒民把茅台酒买回家后，会先存储起来，先喝几年前买的老酒，也就是买新喝旧。很多人说茅台酒的社会库存庞大，其实这也是由茅台酒的产品特点决定的。茅台酒越放越好喝，加上茅台酒厂每隔几年就会提升一次出厂价格，终端的零售价格往往涨得更快，茅台酒就具备了一定的增值功能，这也就是大家常说的金融属性。

三、茅台的产品系列

贵州茅台的核心产品，是53度的飞天茅台，目前的出厂价为每瓶1169元。比飞天茅台更贵的，还有一些生肖酒、节气酒、年份酒等，这些可以叫作非标茅台。茅台还有一些系列酒产品，近年来由于茅台1935的横空出世，发展速度非常快。到2023年系列酒的年销售额已经达到了206亿元，超过了大部分白酒企业的全年营业额，成为贵州茅台重要的业绩增长来源。

近年来，受宏观环境影响，飞天茅台的终端销售价格也出现了明显下降，到2024年年中，已经从3000元上方回落到2200~2400元区间。但出厂价和终端零售价之间巨大的差额，仍然可以确保贵州茅台的业绩每年都能按照年初计划来兑现，这样的业绩护城河，举世罕见。2024 年 8 月，贵州茅台宣布将分红率提升到了 75%，其股息率一度达到了 4%，成了 A 股市场兼具高 ROE 和高股息的少有企业。

第三节　五　粮　液

五粮液是浓香型白酒的代表，从品牌知名度、营业收入和归母净利润来看，目前都是仅次于茅台的白酒第二品牌。2023 年，五粮液实现营业总收入 832.7 亿元，归母净利润为 302.1 亿元，在白酒行业中的占比分别为 11.0% 和 13.0%。在 20 世纪 90 年代后的十几年的时间里，五粮液一度超过茅台，成了白酒行业的龙头企业，直到 2013 年销售收入才被茅台正式超过。

飞天茅台属于超高端产品，其表现不好的时候，对行业的影响较大，但表现好的时候，其他产品则未必能跟得上。所以真正对白酒行业起到直接影响的，是五粮液的"普五"产品。普五的零售价格，是整个白酒行业各个产品（飞天茅台除外）的价格之锚，普五一旦降价，全市场都会产生骨牌效应，各家酒企都会纷纷调低自己核心产品的销售价格。从这个意义来说，通过研究五粮液，有时候甚至比研究茅台，更能看得清整个白酒行业。

一、五粮液的历史发展

五粮液的名称源自于该酒是由大米、小麦、糯米、玉米、高粱等五种粮食酿造而成的。和茅台酒相似，最早的五粮液酒也是出自于一些小作坊，1952 年宜宾市整合了八家老酒坊，创建了五粮液酒厂（1959 年正式定名）。由于成立时间较晚，五粮液没有赶上第一届全国评酒会，故无缘跻身四大名酒之列。直到 1963 年，五粮液参加了第二届全国评酒大会，这次在众多参评白酒中获得了第一名，被轻工业部授予"国家名酒"称号，与古井贡酒、泸州老窖特曲、全兴大曲、茅台酒、西凤酒、汾酒、董酒一同被业界称为"老八大名酒"，并在其后连续三届的全国评酒会中，五粮液蝉联了国家名优白酒金质奖章。

1988 年，白酒价格放开后，五粮液和茅台酒一起选择了名酒之路。除了不断提升酒质，强化五粮液品牌外，五粮液还采用了大量买断酒和 OEM 贴牌的方式，促使销售额迅猛增长。所谓买断经营，即商家买断五粮液旗下某一品牌的经营权，商家对该商品全权负责，但品牌仍为五粮液所有。1994 年，五粮液与福建邵武糖酒公司合作首次推出"五粮醇"品牌，开了业界先河。OEM 贴牌是指酒厂只进行生产加工，成品酒的品牌所有权归商家所有。五粮液实行 OEM 贴牌模式，主要是为了将低端酒快速消化，并抢占市场份额。1998 年，五粮液分别与北京新华联与湖南浏阳河合作开发了"金六福"和"浏阳河"，这两种酒都成了全国知名产品。

通过各种渠道的齐头并进，五粮液的业绩在 20 世纪 90 年代快速增长，长时间保持了白酒行业营收和利润第一的位置。但由此导致的渠道管理混乱，也严重影响了五粮液的品牌形象，甚至导致各类酒的品质参差不齐。2000 年之后，五粮液逐步被茅台全面超越，这和品牌管理失控有直接关系。

近几年，五粮液一直在做渠道的精简和优化。到 2020 年，其系列酒已缩减至 38 个品牌与 360 个产品，相较 2018 年时候的 189 个品牌与 2269 个产品，减幅分别为 80.0%与 84.1%。五粮液在巩固普五产品优势的同时，也在不断推出新品。2020 年面市的经典五粮液，主打超高端定位，目标是对标飞天茅台。2024 年经典五粮液全面升级，形成了经典 10、经典 20、经典 30、经典 50 的产品系列。另外还推出了 45 度五粮液，以应对白酒的低度化趋势。

二、五粮液的酿酒工艺

五粮液采用"固态续糟、混蒸混烧、跑窖循环、分层入窖"的传统浓香酿酒工艺酿造白酒，具有"一极三优六首创六精酿"的特征，被列入国家非物质文化遗产。"一极"即工艺条件极端，要求入窖酸度最高、入窖淀粉浓度最高、入窖水分最低、入窖糟醅黏性最大；"三优"即环境优势、老窖池优势、匠人匠心优势；"六首创"指的是五粮配方、包包曲、跑窖循环、沸点量水、双轮底发酵和勾兑双绝；"六精酿"则是指分层入窖、分层起糟、分层蒸馏、量质摘酒、按质并坛、分级存储。

除茅台比较特殊以外，就整体而言，浓香型白酒的护城河是最宽的。工艺可以模仿，但好窖池不是十几年就能做出来的，这也是白酒行业几十年难有新军突起的重要原因。酒窖的年龄，决定了优级酒的出酒率，窖池不到 20 年基本上产不出优级好酒，20~50 年的窖池的优级率大约为 5%~10%，50 年以上的老窖的优级率才能达到 20%~30%。

五粮液拥有 3.2 万口窖池，600 年窖龄以上的窖池有 59 口。其中 501 车间有 16 口明代老窖池，最早一口源起于 1368 年（明洪武元年），是世界上现存最早、保存完好、连续使用至今的地穴式曲酒发酵窖池，目前产出优级酒的比例可以达到 75%。和其他白酒企业一样，五粮液的大部分产能都是近 20 多年来扩建的。整体而言，五粮液优级酒的比例还比较低。未来，随着新窖池的逐步成熟，其优酒率会不断提升，这也是五粮液未来营收和利润增长的一个有力保证。

三、五粮液的产品系列

目前，五粮液全面推行五粮液酒"1+3"与系列酒"4+4"的品牌战略。即五粮液酒定位高端品类，系列酒主打中低端品类。其中，五粮液酒"1+3"中的"1"是公司的核心大单品八代普五；"3"分别是超高端产品 501 五粮液、经典五粮液与低度五粮液。而系列酒中的"4+4"则集中打造五粮特曲、五粮春、五粮醇与尖庄四个全国性战略大单品，以及五粮人家、百家宴、友酒与火爆四个区域性单品。预计到"十四五"末，五粮液系列酒营收有望突破 150 亿元，超过大多数白酒企业的全部营收。

第四节 泸州老窖

泸州老窖酒厂始建于 1950 年，是在明清 36 家酿酒作坊基础上发展起来的。泸州老窖拥有世界上规模最大的老窖池群，百年以上的古窖池达到了 1619 口，全部入选了全国重点文物保护单位名单。泸州老窖的核心产品国窖 1573，与茅台、五粮液一同跻身高端白酒三强行列，年销售超过万吨，是浓香型单粮酒的标志性产品。2023 年，泸州老窖实现营业总收入 302.3 亿元，归母净利润为 132.5 亿元，营收规模位居行业第五位，利润规模位居行业第三位。

一、泸州老窖的历史发展

1324 年，制曲之父郭怀玉发明甘醇曲，酿制出第一代泸州大曲酒，开创了浓香型白酒的酿造史。到明代万历元年（1573 年），舒承宗采集泸州城外五渡溪黄泥建造"泸州大曲老窖池群"，即今日之"1573 国宝窖池群"，并探索总结出"泥窖生香、续糟配料"等一整套浓香型白酒的酿制工艺。之后，历经 400 多年的发展历史，这些老窖池一直处于生产之中，从未间断，这也是泸州老窖的生产和文化的核心所在。

新中国成立后，泸州老窖的主打产品一直处于行业领先位置，是唯一蝉联了五届国家名酒称号的浓香型白酒。1957 年，陈茂椿、熊子书等全国著名酿酒专家，对泸州老窖酒传统酿制技艺进行全面查定总结，由此拉开了中国白酒三大试点的序幕。1959 年，白酒行业的第一本酿造专业教科书——《泸州老窖大曲酒》出版，标志着白酒行业最全面、最权威、最先进的酿酒技艺标准正式形成，试点成果面向全行业进行推广，全面促进了全国各家酒厂的快速发展。泸州老窖在全国开办了 27 期酿酒科技技术培训班，为全国 20 多个省市的酒厂培养了数千名酿酒技工、勾调人员和核心技术骨干。1988 年，泸州老窖成立了全国第一所专门的酿酒技工学校，先后为全国培训了 8000 多名酿酒科技人才。

从 20 世纪 50 年代到 1977 年以前，长达数十年的时间里，泸州老窖一直占据着全国白酒营收榜的榜首，是行业内第一个销售额破百万元的酒企，被称为"泸老大"。直到 1988 年，泸州老窖的年产量仍然是四川其他四个名酒厂（五粮液、郎酒、剑南春、全兴）之和，其综合税利突破亿元大关，是毫无争议的川酒龙头。1988 年之后，由于泸州老窖在民酒与名酒之间选择了民酒，没有像茅台、五粮液一样走高端路线，加上五粮液的多品牌全面放量，泸州老窖不但在高端市场上受到影响，也让出了行业的领先位置。

2001 年，泸州老窖推出全新品牌国窖 1573，意在重返高端阵营。2007 年，泸州老窖提出了"双品牌塑造，多品牌运作"的金字塔型品牌策略，泸州老窖品牌定位在中高端，而国窖 1573 被定位为塔尖品牌。同时，泸州老窖在行业内率先引入了经销商持股，把企业与经销商的利益绑定，充分调动了大经销商的积极性，这就是著名的"柒泉模式"。从 2015 年开始，泸州老窖又对渠道进行了进一步改革，组建了国窖、窖龄、特曲三大品牌专营企业，分别运营国窖 1573、窖龄酒、特曲酒，强化了产品和渠道的掌控力。在各家白酒企业的财报上，能看到泸州老窖的前五大客户占比明显高出同行，这就是其独特的品牌专营模式所形成的。

目前，泸州老窖已经稳定了其高端白酒市场的标志性品牌地位，在四川和华北区域，具有强大的产品竞争力，并正在不断提升全国市场的区域占比。

二、泸州老窖的酿酒工艺

泸州老窖酒酿制技艺工序繁杂，经过精选原料、粉碎、拌粮润粮、拌糠、上甑蒸酒蒸粮、摘酒、出甑摊晾、拌曲、入窖、封窖发酵、开窖滴黄水、起运母糟并堆砌母糟 12 道工序，来最终酿制成泸州老窖酒（见图 6-4）。泸州老窖与五粮液同属浓香酒，但工艺上仍有一些不同。相比五粮液的五种粮食酿造，泸州老窖的酿制粮食只有一种，就是高粱。而且泸州老窖采用的是原窖法工艺，也和五粮液的跑窖法有很大区别。落实到产品上，泸州老窖的口感更加纯净，而五粮液的前中后段的变化更多，可以说各有特色，给饮用者提供了不同的选择。

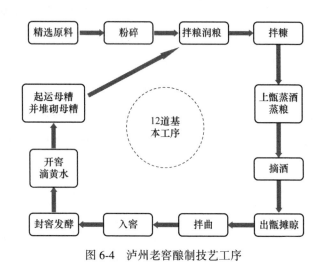

图 6-4　泸州老窖酿制技艺工序

三、泸州老窖的产品系列

泸州老窖的产品系列比较均衡，在各个价格段都有自己的主打品牌，这一点上，即便是贵州茅台和五粮液也没有做到。尤其是泸州老窖近些年来大力发展低度白酒，目前低度 1573 的销售已经与高度 1573 平分秋色，这迎合了白酒低度化的趋势，这也是其未来发展的重要突破口。

第五节 山 西 汾 酒

山西汾酒具有悠久的历史，一度成为中国白酒的龙头品牌，创造了多个业界第一，至今仍然是全国知名的白酒行业重要企业。2023 年，山西汾酒实现营业总收入 319.2 亿元，归母净利润为 104.4 亿元，营收规模和利润规模均位居行业第四位。在中端市场上，山西汾酒的青花产品具有极强的竞争力。而在低端市场上，山西汾酒的领先地位更加明显，玻汾等大单品具有明显的优势。近年来，山西汾酒也在高端市场上逐步发力，但与茅台、五粮液和国窖 1573 相比，还需要更多的培育时间。

一、山西汾酒的历史发展

汾酒的历史可以追溯到秦汉时期，历史较早。在当代白酒中，汾酒厂的建设也比其他名酒更早一些，1949 年 5 月，即成立了汾阳杏花村公营酒厂。1949 年 9 月，在第一届中国人民政治协商会议上，汾酒就作为国宴用酒摆上了餐桌，汾酒因此成为新中国成立以来最早的国家庆典用酒。

1952—1989 年，共举办了五届全国评酒会，汾酒五次蝉联"中国名酒"称号，其另一品牌竹叶青酒则连续三次荣获"中国名酒"称号。1964 年开始，秦含章等老一辈酿酒专家组成了 52 人的科研团队，在近两年的时间里，系统梳理了汾酒的原料、制曲、配料、发酵、蒸馏、贮存、勾调、检测等各个流程，通过科学研究证实了中国白酒酿造工艺的科学性，并对提升和稳定酒质做出了重大贡献。汾酒试点，是汾酒发展历史上里程碑式的一页。20世纪70年代后期，汾酒凭借清香型白酒生产周期短、成本低、粮耗低、出酒率高等优势迅速扩大产能，逐步超越了泸州老窖，从1978年开始成了白酒行业新的龙头，被称为"汾老大"。汾酒在这一位置保持了16年，直到1994年被五粮液超过。之后，山西汾酒先后成为白酒行业第一个销售额破千万元、第一个销售额破亿元、第一个利润额破千万元的企业，并在1994年成为第一家上市的白酒企业。1987年的营收额，甚至超越了从第二名到第十名的九家酒企的营收总和。

在名酒与民酒的选择中，山西汾酒选取了低价路线，品牌力上与贵州茅台和五粮液逐渐拉开距离。从2004年开始，其推出青花系列产品，进行高端品牌的打造。2018年2月，其向华润创业转让了11.45%的山西汾酒股权，汾酒混改迈出历史性一步。2020年9月，山西汾酒推出了"青花30·复兴版"，这是其布局千元价格带的重要产品。

二、山西汾酒的酿酒工艺

汾酒是清香型白酒的代表性品牌，原料为高粱、大麦、豌豆等。其中高粱是主要原料，大麦和豌豆则用于制曲。清香型白酒的酒体清香纯正，具有优雅协调的复合香气，入口绵甜、香气悠长。清香型白酒可以概括为：清、正、甜、净、长五个字，清字当头，净字到底。相对浓香型和酱香型产品，清香型白酒的粮食损耗小、酿造周期短、出酒速度快，在20世纪90年代之前物质紧缺的年代里，清香型白酒具有极大的产能优势。

清香型白酒执行的是"清蒸清渣""一清到底"的工艺。"清蒸清渣"，是指将高粱和辅料分开蒸熟，加入酒曲进行第一次发酵，发酵的酒醅蒸酒后，不再配入新料，直接加入酒曲，再次发酵，将第二次发酵的酒醅蒸酒后，直接丢糟（见图6-5）。"一清到底"是指原料清蒸、辅料清蒸、清渣发酵、清蒸馏酒。此工艺最大的优点是采用地缸分离发酵的方式，将土壤中的有害物质有效隔离，确保产品的干净、纯正。

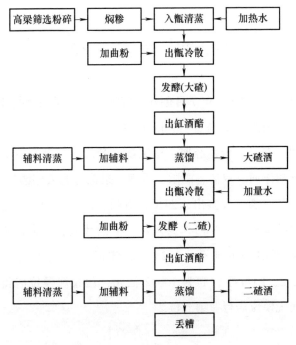

图6-5　山西汾酒酿酒流程

三、山西汾酒的产品系列

目前，山西汾酒拥有三大主要产品条线：汾酒、系列酒（杏花村）和配制酒（竹叶青），其产品价格覆盖了高端、次高端、中低端、光瓶酒等主流价位带。核心产品为青花汾酒系列，核心大单品是青花20，较高端的产品包括青花25、"青花30·复兴版"（千元价格带）、青花40和青花50（超高端）等。腰部产品的主力品种，是巴拿马系列和老白汾系列。而几十元的玻汾，是全国光瓶酒市场中的代表性大单品，在低端市场具有广泛的受众。

第六节 洋河股份

洋河酒厂于1949年7月创建于江苏宿迁，是白酒行业唯一拥有洋河、双沟两大中国名酒、两个中华老字号，六个中国驰名商标（洋河、双沟、蓝色经典、珍宝坊、梦之蓝、蘇）的企业。洋河股份下辖洋河、双沟、泗阳、贵酒、梨花村五大酿酒生产基地。全国性著名白酒，大多出于四川、贵州、山西等中西部地区，东部的名酒品牌较少。洋河作为东部白酒的代表，长期以来一直是绵柔浓香型白酒的典范。2023年，洋河股份实现营业总收入331.3亿元，归母净利润为100.2亿元，营收规模位居行业第三位，利润规模位居行业第五位。

一、洋河股份的历史发展

1949年7月，洋河酒厂在几家手工酿酒作坊基础上合并而成。1979年，在第三届全国评酒会上，洋河大曲以"甜、绵、软、净、香"的独特风格跻身国家八大名酒之列，并与双沟大曲在第四届、第五届全国评酒会上同时连续获此荣誉。2003年，洋河股份推出蓝色经典，塑造了"男人的情怀"的品牌形象，差异化的绵柔香型在白酒行业独树一帜。2009 年，5A 级梦之蓝变为梦 3、梦 6 和梦 9，在战略上主攻次高端和高端价位带。洋河股份提出了全国化、高端化战略，开始进入高速发展期。2009 年，洋河股份成功上市，并通过股权绑定，实现与员工和经销商利益的深度捆绑。目前，员工持股和经销商持股主体，分列洋河股份第二和第三大股东。

洋河股份于 2010 年、2016 年分别收购了双沟和贵酒，并实现了全国性布局。2004—2012 年，洋河股份营收复合年均增速接近 60%，2012 年营收仅次于贵州茅台、五粮液，奠定了行业头部企业的地位。从 2019 年开始，洋河股份推动了"一商为主、多商为辅"的新经销体系发展，把经销商的数量从 2019 年的 10148 家精简至 2021 年的 8142 家，突出了大商的地位，让小商服务于大商，最大程度上减少内耗。2019 年 11 月，针对 600～800 元价格带，推出大单品"梦 6+"；2020 年 11 月，针对 400～600 元价格带，推出梦 3 水晶版。这两个重磅产品，均取得了突破性成功，都是洋河股份当前的核心大单品。2021 年洋河股份提出"双名酒、多品牌"的发展战略，明确了"洋河、双沟、贵酒是公司三大核心增长极"的发展路径，制定了"精彩洋河、多彩双沟、光彩贵酒"的品牌定位。

二、洋河股份的酿酒工艺

绵柔风格浓香型白酒，以多种粮食为主要酿造原料，包括高粱、大米、糯米、小麦和玉米等。其特点是"入口甜、落口绵、酒性软、尾爽净、回味香"，饮用时低而不淡、柔而不寡、绵长尾净、丰满协调，在浓香型白酒中独树一帜。酿制中采用高温制曲、老窖低温、缓慢发酵、量质低温接酒、陶坛长期陈化老熟、分等贮存、微机调味、精心勾调等传统工艺和现代科技（见图6-6）。

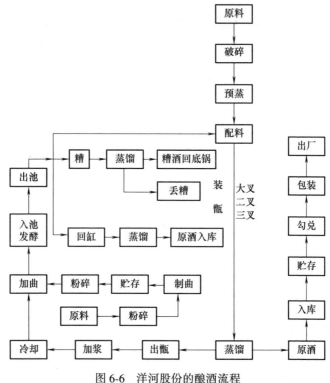

图 6-6　洋河股份的酿酒流程

三、洋河股份的产品系列

洋河股份旗下的产品，品牌众多，各具特色，在不同价位带都有竞争能力较强的产品。其中以蓝色经典为主体，梦6+和水晶梦是核心大单品，梦9和手工班则分别定位于高端和超高端。洋河股份的产品布局，可以用"2+5+10"来概括。2 即浓香和酱香两大香型；5 即梦之蓝、蓝色经典、苏酒、珍宝坊、贵酒五大品牌布局；10 即梦之蓝、蓝色经典、洋河大曲、新名酒的洋河四大主导产品系列，苏酒、珍宝坊、柔和双沟、双沟大曲的双沟四大主导产品系列，以及贵酒系列、贵阳大曲系列的贵酒两大主导产品系列。

第七节　古井贡酒

古井贡酒是中国"老八大名酒"企业，是中国第一家同时发行 A、B 两只股票的白酒类上市公司。

古井贡酒以"色清如水晶、香醇似幽兰、入口甘美醇和、回味经久不息"的独特风格，四次蝉联全国白酒评比金奖，在巴黎第十三届国际食品博览会上荣获金奖，先后获得中国地理标志产品、国家重点文物保护单位、国家非物质文化遗产保护项目、安徽省政府质量奖、全国质量标杆等荣誉。古井贡酒现拥有古井贡、黄鹤楼、老明光、珍藏酒四大品牌，和古井、古井贡、年份原浆、黄鹤楼、老明光五个中国驰名商标。2023 年，古井贡酒实现营业总收入 202.5 亿元，归母净利润为 45.9 亿元。

一、古井贡酒的历史发展

古井贡酒的前身为起源于明代正德十年（1515 年）的公兴槽坊，1959 年转制为省营亳县古井酒厂。1992 年，古井集团成立；1996 年，古井贡酒在深圳交易所成功上市；2009 年，亳州市国资委将古井集团 40% 的股权转让给上海浦创，集团性质由国有独资转变为国有控股公司；2013 年，古井贡酒酿造遗址荣列全国重点文物保护单位；2016 年 4 月，古井贡酒与黄鹤楼酒业有限公司签订战略合作协议，黄鹤楼酒是湖北省唯一的中国名酒，曾荣获1984 年、1989 年两届全国白酒评比金奖；2018 年，古井贡酒荣获"世界烈酒名牌"称号；2020 年，古井集团获得"国家级非物质文化遗产"等多项国字号荣誉；2021 年 1 月，古井贡酒与明光酒业签订战略合作协议；2021 年 9 月，古井贡酒与珍藏酒业签订战略合作协议。

二、古井贡酒的酿酒工艺

古井贡酒拥有浓香、清香、明绿香、古香（烤麦香）、酱香五种香型，主打产品古井贡酒"年份原浆"，以"桃花曲、无极水、九酝酒法、明代窖池"的优良品质著称于世。古井贡酒的酿酒方法为"九酝酒法"，被世界吉尼斯纪录认证为"世界上现存最古老的蒸馏酒酿造方法"。古井贡酒采用玉米、大米、高粱、小麦、糯米五种原粮酿制而成，酿造技艺以"泥窖发酵、混蒸续楂、老五甑操作"为主要特征，主要流程为制窖、制曲、选粮、配料、上甑、摘酒、蒸馏糊化、出甑、做醅、入池封窖以及原酒分级窖藏等 128 道工序，其中"桃花春曲""分层取醅""择时摘酒"及糠、水、曲等配料比例为其核心工艺。

三、古井贡酒的产品系列

古井贡酒旗下主要有年份原浆、古井贡酒和黄鹤楼三大系列品牌，其中年份原浆为中高端酒产品，是白酒业务收入及利润主要来源，占比超 70%，产品价格覆盖全价格带；古井贡酒系列主打中低端单品；黄鹤楼以高端酒为主，占比较小。

第八节 今 世 缘

今世缘位于江苏省涟水县高沟镇，其前身为国营高沟酒厂，所出产的"高沟"酒，是江苏名酒"三沟一河"之一。今世缘于 2014 年在上交所上市，是主要白酒公司中上市时间较晚的一个。其围绕"缘"文化进行品牌设计，打造出了"国缘""今世缘""高沟"三大品牌，其中四开国缘、对开国缘和国缘 V3 等，为主要业绩贡献产品。目前，今世缘在江苏省内的销售占比超过 90%，并且发展迅猛。2023 年，今世缘实现营业总收入 101 亿元，归母净利润为 31.4 亿元。

一、今世缘的历史发展

1949 年，国营高沟酒厂成立；1984 年，在全国第四届评酒会上，"高沟"酒被评为浓香型第二名；1996 年，今世缘品牌创立；2004 年，国缘品牌创立；2014 年，今世缘成为 IPO 重启后的白酒上市第一股；2019 年，今世缘获得中国酒业科学技术最高奖；2020 年，《清雅酱香型白酒》团体标准发布；2022 年，荣获中国食品工业协会"科学技术奖"一等奖。

二、今世缘的酿酒工艺

今世缘拥有 300 年以上老窖池 53 个，100 年以上老窖池 200

余个，今世缘以百年窖泥和新窖泥拌和培养，经微生物种群若干年的充分繁衍，让老窖池得到同等复刻。今世缘在白酒低度化方面技术相对成熟，不同于一部分酒企以 50 度以上产品为主，其产品更多处于 40~50 度区间，口感低而不淡，更适应江苏地区消费者的饮用习惯。在酿酒工艺智能化应用方面，今世缘走在了白酒行业的前列。目前，今世缘已拥有有效专利 210 件，其中发明专利 30 件；发表科技论文 30 余篇；获得各种奖项 40 余项。今世缘对行业不断提升智能化应用水准，做出了突出贡献。

三、今世缘的产品系列

世缘旗下有"国缘""今世缘"和"高沟"三大品牌，以满足不同消费需求。三大品牌中，"国缘"品牌定位于"中国新一代高端白酒"，下设"V 系""开系""雅系"三大系列；今世缘品牌致力于大众化，打造"典藏+星球"双品系；高沟品牌定位为黄淮名酒带高端光瓶典范。今世缘指导价在 300 元以上的产品占比超过六成，百元以上的超过九成。按照出厂指导价，公司将白酒产品划分为特 A+类（出厂指导价为 300 元以上）、特 A 类（100~300 元）、A 类（50~100 元）、B 类（20~50 元）、C 类（10~20 元）、D 类（其余），其中特 A+类产品的收入占比接近 70%。

第九节　舍得酒业

舍得酒业源自四川遂宁射洪，是著名的川酒六朵金花之一，20 世纪 90 年代沱牌曲酒曾经畅销全国，后创建了高端品牌"舍得"后，开始了双品牌运营。舍得酒业是白酒行业第三家全国质量奖获得者和第三家上市公司，并以"生态酿酒"和"12万吨老酒"两大优势闻名于白酒行业。2023年，舍得酒业实现营业总收入70.8亿元，归母净利润为17.7亿元。

一、舍得酒业的历史发展

1951年12月，四川省射洪县政府对泰安作坊进行了公有制改造，创建射洪县实验曲酒厂；1989年，在第五届全国评酒会上，沱牌曲酒入选"十七大名酒"，正式成为"川酒六朵金花"之一；1996年，公司以"沱牌股份"之名，在上海证券交易所挂牌上市；2001年，公司推出新的高端品牌"舍得"，之后"舍得"品牌成为公司的核心产品；2008年，舍得酒业的酿酒生产工艺被评为"国家非物质文化遗产"；2011年，"四川沱牌曲酒股份有限公司"变更为"四川沱牌舍得酒业股份有限公司"，构建了"沱牌"和"舍得"的双品牌发展战略；2018年，沱牌舍得正式更名为舍得酒业；2020年12月，复星集团通过豫园股份，拥有了沱牌舍得集团70%的股权，成为企业实控人。

二、舍得酒业的酿酒工艺

舍得属于浓香酒体系，但与五粮液不同的是，舍得的原料是六粮，除了高粱、大米、糯米、小麦、玉米之外，还多了大麦，口感丰富。在酿酒工艺上，注重"两缓一清"。即"窖内缓慢发酵——前缓—中挺—后缓落"，"缓火流酒——保证糟醅中不同香味物质精确地随酒精蒸汽分段分类馏出"，以及"一清到底——保证基酒生产原质原味"。

舍得酒的一大特色，就是老酒战略。公司自1976年起，就在每批次生产中，预留一定比例的优质基酒作为战略储存。充足的陈年基酒储备，是公司老酒战略的基石。2019年，舍得酒业的老酒战略正式推进，确定了"舍得酒，每一瓶都是老酒"的营销口号。并明确要求：浓香基酒必须储存时间三年以上，调味酒必须七年以上才能使用。

三、舍得酒业的产品系列

舍得酒业早期的主要产品是沱牌曲酒，1989年，沱牌曲酒在第五届国家评酒会上被评为"十七大名酒"之一，与五粮液、泸州老窖、剑南春、郎酒、全兴大曲并称为"川酒六朵金花"。20世纪90年代，沱牌曲酒畅销全国，产销均位居行业前列。2000年，沱牌曲酒产量14.6万吨，销量为14.3万吨，同期的五粮液的销量也只不过达到了15万吨左右，其畅销程度可见一斑。新世纪以来，由于白酒消费税中，从量征收对低端酒的影响较大，公司推出了高端品牌"舍得"。目前核心单品品味舍得，占总营收比重在40%以上。其他价位带的主要大单品包括：光瓶酒赛道的沱牌特级T68、沱牌六粮，高端酒赛道的智慧藏品，等等。

第十节　酒　鬼　酒

酒鬼酒产自湖南湘西，自古以来当地就有酿酒的传统，依托丰富优质的水资源和得天独厚的洞藏技术，酒鬼酒开创了馥郁香型风格，集浓、清、酱三香于一体，独具特色。酒鬼酒公司拥有

"内参""酒鬼""湘泉"三大产品系列，内参系列定位于中国四大白酒之一，主要产品为52度内参酒。在酒鬼酒系列中，主要产品是52度红坛酒鬼酒和透明装酒鬼酒。2023年，酒鬼酒实现营业总收入28.3亿元，归母净利润为5.5亿元。

一、酒鬼酒的历史发展

1956年，吉首市酒厂创建于湖南省湘西州吉首市振武营；1978年，酿造出第一瓶馥郁香型白酒；1997年，酒鬼酒成功在深圳证券交易所上市；2000年，"酒鬼"荣获"中国驰名商标"；2007年，中皇公司（由国资委直管的华孚集团控股）成为酒鬼酒控股股东；2008年，国家质检总局批准对"酒鬼酒"实施地理标志产品保护，范围包括湖南省吉首市振武营酒鬼湘泉城现辖行政区域；2015年，中粮集团成为酒鬼酒控股股东；2018年，汇集全国优秀经销商组成了内参销售公司，负责内参酒的专营工作；2022年，酒鬼酒红坛业务部成立，专项推进红坛产品的销售及市场发展，提升红坛酒鬼的销售占比和终端覆盖。

二、酒鬼酒的酿酒工艺

酒鬼酒的酿制方法，可以概括为"多粮颗粒原料、小曲培菌糖化、大曲配醅发酵、泥窖提质增香、洞穴储存陈酿、粮醅清蒸清烧、精心组合勾兑"（见图6-7）。其秉承湘西民间酿酒工艺，并结合了现代大曲、小曲的工艺优点，将三种工艺有机结合形成了独特工艺。酒鬼酒的特点可以提炼为"523"，即采用五种原料、融合大曲和小曲两种工艺、形成浓、清、酱三种香型于一体。酒鬼酒传承湘西民间藏酒技法，将酒鬼酒用陶坛封存后，藏在天然溶洞中。洞中温度长年稳定在 15～20℃，湿度在 80%以上，这种恒温恒湿的天然环境成为白酒陈酿老熟的绝佳条件。

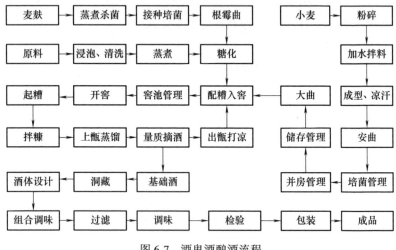

图 6-7　酒鬼酒酿酒流程

三、酒鬼酒的产品系列

酒鬼酒的中高端酒包括所有内参系列、红坛酒鬼酒和传承酒鬼酒，占总收入的比重约 55%。中低端酒为所有其他产品和系列，占总收入的比重约 45%。内参酒的省内、省外销售比例约为 1∶1，省内略高于省外。酒鬼酒销售则以省外为主，省内占比为 30%左右。

第十一节　水　井　坊

水井坊脱胎于全兴大曲，入市时的定位是全兴大曲的高端产品，类似于国窖 1573 和泸州老窖、舍得和沱牌曲酒的关系。但2010 年之后，水井坊和全兴大曲分别成了两家不同公司旗下的产品，彼此之间已经没有关联了。如今的水井坊，是世界著名酒业巨头帝亚吉欧的控股公司，这也是白酒上市公司中唯一一家被外资控股的公司。2023 年，水井坊实现营业总收入 49.5 亿元，归母净利润为 12.7 亿元。

一、水井坊的历史发展

1951 年，国营成都酒厂成立，并酿制出全兴大曲；1963 年，全兴大曲在全国第二届评酒会上被评为全国"八大名酒"之一；1989 年，在全国第五届评酒会上，全兴大曲被评为全国"十七大名酒"之一，同时成为"川酒六朵金花"之一；1998 年，全兴集团在车间内发现了具有 600 年历史的大型古代酒坊遗址"水井坊"，该遗址被誉为"中国白酒第一坊"；1999 年，全兴酒业借壳四川制药上市，定名为"全兴股份"；2000 年，全兴股份推出高端品牌——"水井坊"；2002 年，全兴集团改制成为民营企业；2006 年 10 月，全兴股份更名为四川水井坊股份有限公司，股票简称变更为"水井坊"；2006 年 12 月，全球酒业巨头帝亚吉欧收购了全兴集团 43% 的股份，间接持有水井坊 16.87% 的股权；2011年，帝亚吉欧持有全兴集团的股份比例增加至 53%，成为水井坊的实际控制人；2019 年，帝亚吉欧要约收购水井坊股份，对水井坊的持股比例提高至 63.14%。

二、水井坊的酿酒工艺

水井坊酒以高粱、小麦、玉米、糯米、大米、水为原料，按照水井坊独特的传统生产工艺，固态泥窖发酵，分层蒸馏，量质摘酒，分级陶坛贮存。工艺上，水井坊以老窖菌群为根本，采用泥窖固态发酵，精选优质多粮，工艺精湛深微，完美融合多粮风格，具有"无色透明，窖香、粮香幽雅，陈香细腻，醇厚甘柔，香味谐调，回味净爽，多粮浓香型白酒风格典型"的特点。

三、水井坊的产品系列

水井坊生产的白酒产品主要有水井坊元明清、水井坊第一坊、水井坊菁翠、水井坊典藏、水井坊井台、水井坊臻酿八号、水井坊井台珍藏（龙凤）、水井坊鸿运、水井坊梅兰竹菊、小水井、天号陈等。其中水井坊菁翠、水井坊典藏、水井坊井台、水井坊臻酿八号是其核心产品。价格为300~600元的井台和臻酿八号系列产品，销量占比达85%，其中臻酿八号是水井坊旗下位于300~400元价格带的核心单品，在水井坊各产品线的总销售收入中，占比已达到50%以上。

第十二节　贵州茅台和五粮液是最好的朋友

一、互相促进的发展历程

研究白酒的人都会做贵州茅台和五粮液的对比，但很多人把茅台和五粮液当成了势不两立的对手，其实在白酒市场上，茅台和五粮液始终是最好的朋友，没有之一。五粮液酒厂与茅台酒厂之间的直线距离仅 200 公里，开车 3 个半小时。两家企业都是在新中国成立初期由当地的几家作坊合并而成的，品牌名气很大，但在几十年的时间里，规模都没有做到行业领先。主要原因是茅台和五粮液的定位都在高端酒，而 20 世纪 90 年代以前，大多数人还在追求温饱，物美价廉是首选，消费能力制约了高端酒的增速。另外，当时高端酒的产能严重受限，也很难支持两大企业的产品扩张。

到了 20 世纪 90 年代初期，随着国力蒸蒸日上，高端白酒的消费也有了越来越坚实的物质基础。期间，白酒的价格控制被放开，在"名酒还是民酒"的选择面前，茅台和五粮液都坚定不移地选择了"名酒"，全力向品质型的高端市场进军，这为它们在之后 30 年时间里先后成为行业的领导企业，奠定了坚实的基础。从 90 年代开始，五粮液率先成为行业老大，但在这个过程中买断酒和贴牌酒起到很大的作用，虽然五粮液的规模上来了，但品质良莠不齐，还不能算是真正的白酒盛世。

在 20 世纪 90 年代中后期，白酒行业一路高歌猛进，但当时行业发展过快，很多企业的销售增速大幅超过产能，大量产品的酒质出现严重下降。1998 年的亚洲金融危机对宏观经济产生了较大的压力，而朔州假酒案又让行业被迫整顿，白酒产量出现了严重滑坡，从 1997 年的 709 万千升一路跌到 2004 年的 312 万千升。这个时候，茅台和五粮液却继续保持了自己的增长趋势，营业收入和净利润整体上都保持了上升态势。尤其是茅台，在五粮液遇到阶段性问题，于 2002 年出现净利润负增长，以及 2004 年出现营业收入负增长的时候，茅台仍然保持了营收和利润的齐头并进，并不断提价，为五粮液乃至整个行业走出消费税影响拉开了空间。

在 2005 年之前，五粮液的营收、净利润和出厂价都是全面超过贵州茅台的。但在 2005 年，贵州茅台的净利润超过了五粮液；2013 年，贵州茅台的营收也趁行业逆市，当年便超过了五粮液25%；2008 年出厂价与五粮液持平后，贵州茅台便一举超过，虽然在 2011 年五粮液再次实现反超，但之后却因为在 2013 年错误提价，导致后面几年业绩严重下滑，普五的出厂价至今也没有再超过飞天茅台。2012 年的限制"三公消费"和"塑化剂"事件，对白酒行业的影响巨大。2013 年和 2014 年，五粮液的净利润分别下滑同比 19.75% 和 26.81%。此时，茅台始终保持了 819 元/瓶的出厂价，为行业撑起了一片天，也为五粮液赢得了缓和的机会。2016 年，茅台的营收增速重新回到 20% 以上；2017 年，五粮液也取得了 22.99% 的营收增速，宣告走出了长达四年的困局，重新进入景气周期。

二、庞大体量下的稳定增速，难能可贵

在 2018 年之后的时间里，贵州茅台和五粮液的产量及销量都进入了快速增长阶段，按增长的幅度来看，五粮液无论是在产量上还是在销量上都占优势，但由于茅台实际价格的攀升，尤其是直销渠道的发力，近几年在销售量上保持了对五粮液的明显优势（见表 6-1）。一段时间里，不少人会拿泸州老窖和山西汾酒的增速来对比贵州茅台和五粮液，当时前两者的归母净利润增速动辄达到百分之三四十，而后两者则基本保持在百分之十几的样子。

表 6-1 茅台和五粮液高档产品产销量对比

年份（年）	高档产品销售量（吨）		高档产品生产量（吨）	
	茅台酒	五粮液	茅台酒	五粮液
2023	42110	38659	57204	40135
2022	37901	32768	56810	33791
2021	36261	29203	56472	28408
2020	34313	28139	50235	25952
2019	34562	26728	49923	25892

实际上，规模是增速的敌人，贵州茅台在 700 亿元营收、五粮液在 400 亿元营收的时候，归母净利润增速也有 30% 以上，有的时候甚至更高，绝不逊色于泸州老窖和山西汾酒。后面等泸州老窖和山西汾酒的营收跨入 300 亿元大关后，增速也会降下来的，平均 10% 多的利润增速会是常态。此外，白酒行业虽然拥有顶级商业模式，但也会受到经济周期的影响，不可能一直都保持过高的增速。遇到行业下行周期的时候，贵州茅台和五粮液会更加稳定，而其他白酒上市公司的业绩波动性就会大很多。即便是泸州老窖、山西汾酒、洋河股份这样的强势品牌，一样可能面临业绩增速大幅下滑的情况，有的企业甚至可能会出现增速负增长的情况。

三、白酒行业的天与地

白酒被称为消费之王。在这个行业里，贵州茅台是天，它决定了整个行业的极限；而五粮液则是地，天是遥不可及的，大家更多还是依托于大地来前行。飞天茅台的批价，决定了整个行业的价格空间，但在 3000 元价格带和千元价格带之间，有一个巨大的空间，各家酒企都在努力进入，却始终没有出现量产单品。普五的价格，则是除了飞天茅台之外，是整个行业的标尺。对于其他产品来说，如果普五不提价，就只能小范围做个价格尝试。反过来，像过去几年市场呈现的那样，一旦普五的价格下调，国窖1573 和内参等就只能跟着降价，然后它们会一起向下压缩次高端产品的空间，而次高端产品则再向下压缩中低端产品的空间，形成骨牌效应。

虽然从酒质上来说，贵州茅台属于酱香龙头，五粮液是浓香老大，但茅台固有的品牌历史内涵是五粮液所不及的。而且近十几年来，茅台坚持做减法，全力维护飞天茅台的高端形象，这和五粮液到了 2017 年才加大渠道清理力度，2020 年下半年才开始推出量产的 2000 元价位产品"经典五粮液"相比，明显棋高一着。很多人都觉得白酒是一个纯粹比拼天赋的行业，就像巴菲特说的"是个傻子都能经营好"，但纵观过去几十年，各家白酒企业在关键时点上的经营举措，大多数企业都犯了或大或小的错误，而贵州茅台基本上都做出了较为正确的选择，从这个角度来看，贵州茅台的管理层一直都是被低估的。

在过去 20 年的时间里，五粮液和贵州茅台之间的竞争一直没有间断，但总体来说，茅台的持续高举高打，客观上在为五粮液不断打破价格天花板，也为高端白酒创造了足够的价格空间。普五的批价能否站稳千元大关，这和飞天茅台的出厂价能否稳定提升紧密相关。可以说，没有贵州茅台在过去几十年中的持续发展，五粮液也很难达到现在 300 亿元级别的利润平台。贵州茅台是五粮液的竞争对手，但也是它最好的朋友，它们一起撑起了白酒行业的天与地。

白酒股财报实战分析

第七章

财报是了解上市公司经营动态的最主要途径，大家可能在很多教科书中，已经学习了关于财报的一些知识，但最好、最快的进步方式永远来自于实战。本章内容汇集了几篇过去两年中，我在五粮液发布财报后第一时间写的分析文章。从事后来看，文章内的观点难免会有一些偏颇，但最有价值的部分不是结论，而是研究的角度和分析的逻辑。大家可以和当期财报对照来看，再结合之后公司业绩和股价的走势，相信会有不一样的收获。

之所以选择五粮液，是因为在白酒行业里，贵州茅台高高在上无人可及，五粮液才是事实上的行业风向标。普五的批价，一直都是我观测白酒行业景气度的重要指标。近几年，通过对五粮液的持续跟踪，我始终保持着对白酒行业的足够敏感度，收获颇丰。这个经验也呈现给大家，仅供参考。

第一节　五粮液 2021 年年报分析

五粮液当前的战略：养护渠道，细水长流（原文写于 2022 年 5 月 6 日）。

分析背景

在 2021 年年报和 2022 年一季报中，五粮液的业绩增速出现了放缓的情况，而且经营性现金流量净额大为减少，应收票据却增加了 97 亿元。这让很多投资者感到担心，认为五粮液的销售出了大问题，不但销售数量上受到了影响，其中还有很多款项有问题。

本文通过各项数据的分析，表明五粮液的业绩之所以看起来比同业要弱，主要是企业考虑到长期经营和销售，主动放缓了发货速度，让渠道的库存压力更小的原因。到2024年时，大部分白酒企业的业绩都出现了大幅下跌，而五粮液仍然保持了两位数的增速，这和之前几年主动控货降库存的工作成果，是分不开的。

一、五粮液的业绩分析

五粮液2021年年报的营业收入是662亿元，同比增长15.51%；2022年一季报的营业收入是275亿元，同比增长13.25%；年报的归母净利润是233亿元，同比增长17.15%；2022年一季报的归母净利润是108亿元，同比增长16.08%。在遍地是雷的年报和一季报中，五粮液的表现已经算是不错的了，年度数据从营收到归母净利润的增速，和去年相比都有所上升，但与其他白酒企业比起来，数据明显就弱上一筹了。对长期跟踪五粮液的投资者来说，年报和一季报的业绩增速处于行业后端，这已经是早有准备的事情了。从去年三季度开始，五粮液就在控量挺价，相对一些同行的压货，数据看起来自然会有比较大的落差。

控量挺价之后，普五的一批价基本上已经稳定在980元以上，三季度有望站稳千元大关。从终端价格来看，五粮液的努力也是有成效的。春节的时候，在京东自营上还是能买到1040~1080元的普五的，现在基本上是在1200元左右，个别活动价格也在1150元以上了。而且除了京东自营、京东超市和官方旗舰店之外，其他渠道普五的货源明显不足，很多渠道都没有货，控量挺价初见成效。一直以来，普五都是供不应求的，但提升了实际出厂价之后，留给渠道商的空间太小，这不利于激发渠道的积极性。渠道买普五只是为了走量，单位利润不仅远不及茅台，与大部分白酒产品的利润率相比都处于劣势。终端价格的提升可以直接提升渠道的利润空间，这对长期合作是有益的，也是后面出厂价能进一步提升的客观基础。

除了在价格上力挺之外，五粮液对渠道的打款也做了宽松处理。考虑疫情对经销商的压力，公司降低了预收款中现金收取比例，这导致经营性现金流净额大为减少，但应收票据增加了97亿元，也是对经营的一种肯定。五粮液的票据都是银行承兑汇票，期限不超过一年，现在的应收票据金额，大部分会体现在年报的现金流入中，并不算差。受到疫情影响，半年报中五粮液的数据恐怕也没那么好看，这是可以预期的。实际上茅台的一季度净利润虽然有23%的同比增长，但这是建立在去年只有6%的低增长前提下的，五粮液有16%的增速，则是建立在去年21%的增速基础上的，相比之下并不逊色。

从体量上来说，五粮液的规模也是偏大的，一个五粮液的净利润，就相当于啤酒和葡萄酒全行业的规模了，很多大名鼎鼎的白酒企业，实际上营业收入还没有五粮液系列酒的一半多。受体量所限，五粮液以后的业绩，也很难长期保持2009—2012年，或者是2017—2019年时的高速度。但从公司"十四五"规划来看，稳定在15%以上的业绩增速还是有支持的。通过经典五粮液和名门春这样填补价位空白档的新品，一点点夯实各价位区间的市场份额，避免再出现2013年那样的大波动，这是大多数投资者都能接受的。

2023年五粮液的报表数据整体应该会比较平，但看点不在这里，而是经典五粮液能否放量，这是未来几年企业发展的关键，对于去年经典五粮液的表现，公司只表示"2021年经典五粮液圆满完成计划目标"，希望以后能看到具体数据，这是五粮液未来几年最大的爆点。

二、五粮液为何逆行业而行

原文写于 2022 年 6 月 19 日。

2021 年下半年以来，五粮液的业绩增速开始变缓，在很多白酒企业高达 20%~30%（有些甚至超过 50%）的增速面前，其 2021 年的归母净利润增速只有 17.15%，2022 年一季报的增速也只有 16.08%，大幅落后于同行。针对五粮液的现状，有些投资者提出了几个问题。

1. 五粮液的产品卖不动了吗

2021 年，五粮液的营业收入是 662.1 亿元，其中五粮液产品的销售额是 491.1 亿元，生产量是 28408 吨，销售量是 29203 吨；系列酒的销售额是 126.2 亿元，生产量是 160309 吨，销售量是 152572 吨。总体来看，五粮液产品供不应求，系列酒不如五粮液产品强势，但产销之差不足 5%，仅需半个月左右的去化周期，其表现也足够优秀。五粮液的供求关系并无问题，处于健康模式中。

2. 五粮液的产能遇到瓶颈了吗

从酒厂自身的产能情况来看，20 世纪 90 年代初的扩产部分，至今已经达到了 30 年窖龄，名酒率会得到明显提升。经过不断研发，目前新产能三年时间就可以产出五粮液，这都是五粮液产能的有效保证。到"十四五"末期（2025 年），在现有 10 万吨产能的基础上，会继续新增 10 万吨原酒产能，总产能可以达到 20 万吨。也就是说，到 2025 年，五粮液的整体产能会比 2021 年翻一倍，为酒厂长期持续增长提供了足够的硬件支持。

3. 五粮液被竞争产品冲击了吗

自从茅台 1935 面市以来，就有很多人说会直接影响五粮液的销售。从表面数据看，茅台 1935 的上市热销和五粮液业绩增速放缓确实有重叠，但目前茅台 1935 在产量上明显不足，只有几千吨的供应，而且终端价位保持在 1500 元左右，大幅高于八代普五的价格，这并不会对五粮液的销售产生太大的压力。导致五粮液业绩增速落后于行业主要酒企的原因，还是出在企业自身上。过去一年时间里，五粮液一直都在控制出货，很多经销商手里的货源并不充足，厂家不但没有给终端更多任务要求，针对有经营困难的渠道，还在用高于出厂价的价格进行回收。而且，考虑到当前市场的整体情况，五粮液允许经销商用商票来支付货款，体现在报表中，就是大大减少了合同负债，而应收票据则达到了 223.59 亿元。

这些措施，在其他较大酒企中基本没有执行，各家都在忙着涨价、不断提升合同负债，让自己的财报看上去更加优秀。五粮液之所以逆行业而行，是和其渠道经营状况，以及未来几年的产能释放直接相关的。从产品分类来看，在五粮液的全部营业收入中，五粮液产品的销售额占比为 74.18%，毛利率为 85.59%，两个指标均大幅高于系列酒相应数据的 19.06% 和 59.67%。五粮液未来的增长趋势，不但取决于五粮液产品的产量增速，也取决于毛利率的稳定提升。

在目前的上市白酒企业中，在高端白酒方面，五粮液留给渠道的利润是最少的。今年把计划外配额的单瓶价提升到 1089 元之后，五粮液的综合出厂价已经达到了 969 元，而渠道的一批价基本为 970~980 元，想赚钱只能指望年底的奖励了。2021 年以来，各家白酒企业纷纷上调价格，直接推动了业绩大幅上涨。而两大龙头，贵州茅台和五粮液的动作都较小。贵州茅台只能通过 i 茅台平台的小酒版飞天曲线提价，而作为拥有最大白酒产能的企业，五粮液提价后的压力显然更大。

面对四年后将要翻倍的产能，如果五粮液还是让渠道只能赚那一二十元的价差，几年后其很难保证当前的毛利率水准。虽然近阶段的控货挺价初见成效，但受整体消费环境的制约，五粮液要真的把八代普五的终端价格推到 1499 元的市场指导价上，还需要做更多的努力。从 2022 年的一批价和渠道终端价格来看，五粮液一直在通过控量的方法来保证终端价格。即便是在 "6·18" 促销期间，线上零售价仍然可以保证在 1000 元之上（不算个别用低价酒导流量的酒商），八代普五的一批价也维持在 970 元左右。在三季度餐饮消费严重不景气的大背景下，这个价位也算是一个不错的表现了，随着各地餐饮市场的恢复，五粮液下半年的价位有望得到进一步提升。

从改变消费者心理预期的角度来看，茅台 1935 的上市，乃至国窖 1573 的提价，对五粮液来说都是好事。虽然当下各家酒企都纷纷推出高端产品，但数量较少，品牌力也有限，千元价位带上始终是五粮液独自奋战，有些势单力孤。如果茅台 1935、国窖 1573 和八代普五一起，能把千元价位带夯实，不但可以确保数年来五粮液一批价站稳千元的目标可以实现，还能够对经典五粮液站上 2000 元价位带有很大的促进。

风物长宜放眼量，五粮液在做的事情，和很多酒企急于涨价、急于释放高端产能的行为有根本性区别。白酒行业是一个非常看重品牌的行业，这个品牌不仅仅是历史形成的，也是需要酒企不断通过经营和酿好酒来呵护维系的。对于投资者来说，在业绩增速放慢的时候，当然会比较担心，但最重要的是这种慢会不会带来以后的快，这才是长期投资的逻辑。对拥有顶级商业模式的头部白酒企业，多付出些耐心还是值得的。

第二节　五粮液 2022 年中报分析

真实稳健，厚积薄发——五粮液中报简析（原文写于 2022 年 8 月 27 日）。

分析背景

在 2022 年中报中，五粮液的业绩依然稳健，而一季度很多业绩突出的白酒企业，在中报里已经开始看到疲态。这也说明前文分析时，判定五粮液的经营并无太大问题，是正确的。本文对五粮液的应收票据做了较为详细的说明，很多投资者对此有误解，有些投资者甚至把五粮液的银票和商票混为一谈了。我们要想看清楚一家企业，需要认真而又持续地研究，关键问题绝对不能含糊，更不能主观下定论。文中还对五粮液的产品结构做了剖析，事后来看，经典五粮液并没有达到当初的期望，尤其是飞天茅台价格下跌的时候，经典五粮液的价格优势已经荡然无存，这是导致近两年五粮液的业绩不能更上层楼的重要原因。

一、宏观环境的客观影响

一份财报中的业绩分析当然重要，但更重要的是业绩产生的原因。尤其是在 2022 年上半年这个特殊背景下，非常时期的表现，可以让我们看出很多平时看不到的企业内涵。

2022 年上半年，五粮液实现营业收入 412.22 亿元，同比增长 12.17%，完成归母净利润 150.99 亿元，同比增长 14.38%。其中二季度的营业收入为 136.74 亿元，同比增长了 10.04%，完成归母净利润为 42.76 亿元，同比增长了 10.3%。对于一家连续 22 个季度，全部实现营业收入两位数增速的企业来说，二季度的数据当然谈不上惊艳。但我们也要看到，2022 年上半年全国社会消费品零售总额为 210432 亿元，同比下降 0.7%，其中二季度下降了 4.6%；二季度，我国 GDP 为 292464 亿元，按不变价格计算，同比增长 0.4%。在此背景下，一些一季度业绩暴增的酒企，二季度的业绩同比已经出现了较大幅度的下降，五粮液的成绩单并没有让人失望。

二、现金流量与合同负债

在这张主要会计数据和财务指标表格中，比较引人注目的是"经营活动产生的现金流量净额"栏目，上半年只有 18.87 亿，同比下降了 78.33%。就此公司的解释是"主要系本报告期受国内疫情呈多点反复态势影响，公司通过降低预收款中现金收取比例、优化订单计划管理等举措减少经销商资金压力致销售商品提供劳务收到的现金减少，及上年同期银行承兑汇票到期收现额度较高综合影响"。

与同行相比，五粮液应收票据的金额是巨大的，上半年为 252.49 亿元，大幅高于去年同期的 182.34 亿元。由于公司的应收票据基本都是到期即付的银行承兑汇票，所以对于账上"期末现金及现金等价物余额"高达 733 亿元的五粮液来说，影响甚微，只是晚几个月到账的问题。实际上，相比一季度−34亿元的经营活动产生的现金流量净额来说，二季度的该项数据已经达到了52.88亿元，同比增加了65.15%，表现尚可。

类似性质的还有白酒企业报表中，大家非常关注的"合同负债"栏目，五粮液半年度合同负债只有18.77亿元，而2021年年底时的合同负债高达130.58亿元，这也是应收票据较多的缘故。2021年半年报中，应收票据为182.34亿元，合同负债为63.28亿元，合计245.62亿元。当年下半年的营业收入为294.57亿元，是"应收票据+合同负债"总额的1.2倍。

在2022年半年报中，应收票据为252.49亿元，合同负债为18.77亿元，合计271.26亿元。如果按照去年1.2倍的系数来算，2022年下半年的营业收入有望达到325.51亿元，与上半年的412.22亿元累计起来，全年营业收入有望达到737.73亿元，同比去年的662.09亿元，可以实现增长11.42%。当然，这只是静态的分析，毕竟二季度是一个特殊的时期，从下半年的宏观环境情况来看，还是有明显的向好趋势的，我们有理由对公司下半年的业绩抱有更高期望。五粮液的官方指引，是希望今年实现两位数增速，这应该是可以保证的数据。

三、分类产品的业绩反差

上半年，五粮液总销量为7.19万吨，同比下降39%，单价为53.6万元/吨，同比增长了46%。价格提升弥补了销量下降的损失，拉动了12.17%的营收增长。其中五粮液产品销量为1.86万吨，同比增长15.1%；均价同比增长2.3%，为171.54万元/吨；营业收入为319.73亿元，同比增长17.8%；毛利率为86.38%，略高于去年同期的 86.16%。其他酒销量为 5.32 万吨，同比下降了 47.8%；均价同比增长 79.8%，为 12.29 万元/吨，营业收入为 65.4 亿元，同比下降 6.09%；毛利率为 59.75%，比去年同期的 58%高出 1.75 个百分点。

从分项数据来看，其他酒营业收入的下滑，拖累了五粮液整体营业收入的增速。这个下滑，有市场不景气的宏观因素，也有公司主动清理其他酒中子品牌的原因。多年来，五粮液旗下非五粮液产品的子品牌数量较多，一直都是影响主品牌形象的重要因素，近年来清理旁支一直是五粮液坚持在做的事。

近年来，其他酒企的业绩大幅增长，很重要的一点在于不断提升中端和次高端产品的出厂价格，并以此带动低端酒的价格。相比之下，八代普五一直没能站稳千元价格带，价格提升幅度较小。而其他酒产品中，在 400~800 元的中高端产品上，五粮液一直没有主打品牌。期间虽然有五粮春和小五粮等产品，包括近期推出了名门春，但都缺乏足够的市场影响力。

五粮液的系列酒整体规模并不小，2021 年营业收入达到了 126 亿元，相当于舍得、酒鬼和老白干三家酒企的营收总和，但中高端产品的缺失，已经严重影响到公司进一步增长的速度，目前只能期待名门春的铺货与推广能尽快产生效果，对于五粮液来说，这不仅是一个新的业绩增长点，也是抗衡泸州老窖、汾酒、洋河的等酒企竞争的重要阵地。

上半年，五粮液产品的销量为 1.86 万吨，产量为 1.86 万吨，仍然延续了供不应求的态势，而且均价同比增长 2.3%，在相对艰难的市场背景下，这充分体现了世界第二大烈酒品牌的品牌价值。从八代普五的一批价变化来看，上半年价格大部分时间可以维持在 970~980 元/瓶，只在少数时间里下降到了 970 元/瓶之下，目前已经全面恢复。以如今的宏观市场情况来看，今年要实现站稳千元价格带难度还是不小的，但看到各个行业在中报里披露的不佳现状，今年一批价不降便是成功了，这应该还是能做到的。

在经典五粮液方面，公司是有很高预期的，虽然报表中没有提及具体数据，但从线下的实际销售价格来看，效果并不理想，离 2000 元价格带还有明显的差距。这需要公司在营销方面进行持续努力，也要看宏观环境的整体变化。天时地利人和，缺一不可，当前而言，天时格外重要。下半年乃至明年，五粮液的业绩主要还是看八代普五的表现。就当前而言，价格大幅提升难度较大，增效提量更为现实一些。另外，直销对均价的提升还是很有效果的，2022 年上半年，公司直销收入为 158.26 亿元，占比达到了41%，后面还有进一步提升的空间。

四、没有压货的动力和表现

由于有品牌上的优势，很多时候酒企都会被怀疑向渠道压货，也就是企业在需要保业绩的时候，要求渠道购进大量超出去化能力的酒，让酒企的报表数据看起来更靓丽一些。从五粮液的实际情况来看，压货的可能性还是比较小的。

（1）五粮液上半年持有的应收票据为 252.49 亿元，如此巨大的金额，就是为了减轻经销商在特殊时期的经济压力，再压货就自相矛盾了。

（2）压货的一大表现会体现在高额的合同负债上，五粮液2022 年上半年的合同负债已经只有 18 亿元，不满足条件。

（3）从分区域的数据来看，营收最高的两个区域分别是西部和东部，西部由于 2021 年受疫情影响较大，同比 2020 年的数据是下降的，即便今年上半年有着 32.16% 这样看起来很高的增速，但 2022 年的数据只比 2020 年增长了 23.24%，上半年的高增速属于去年基数较低的结果（见表 7-1）。而东部今年受防控的影响最大，更没法压货。

表 7-1 2020—2022 年五粮液中报营业收入对比

（单位：亿元）

区　域	2022 年	2021 年	2020 年
西部	131.5	99.5	106.7
东部	105.5	99.4	86.3
南部	38.5	37.4	21.5
北部	48	46.3	27.9
中部	61.6	58.6	39.3
合计	385.1	341.2	281.7

西部和东部是营收贡献最大的两个区域，两年增速分别为 23.24% 和 22.25%，位居各区域的末端。其他三个区域的营收相对较少，2022 年上半年增速最多的也只有 5.19%，相对于 12.94% 的酒类产品整体营收增速，拉动效应不大。

五、真实稳健，厚积薄发

2022 年上半年的市场，除了新能源等少数行业，对于大部分行业来说，都是一个艰难的处境。尤其是地产和地产产业链上的相关行业，未来几个季度的压力都会比较大。白酒的本质是餐饮的杠杆，高端白酒更是高端商务活动的晴雨表，以当下的宏观环境而言，下半年的压力也不会小。用过去几年行业在高景气状态下的增速，来预估企业的未来业绩，就有些过于乐观了。

对于五粮液的经营数据，以其规模来看，虽然亮点不多但也并没有带来更多失望。贵州茅台在2022年上半年同比增速达到了20.9%，但这是建立在去年上半年只有9.1%的低基数前提下的，2022年中期同比2020年的归母净利润增速为31.8%。而同期五粮液的归母净利润增速为39.1%，即便考虑到两家企业的规模差异，也不低了，毕竟今年是茅台基酒货源大幅释放的年份。如果说茅台给五粮液拉开了价格空间的话，那么其他高端、次高端白酒在过去几年的不断提价，是受惠于普五出厂价格的攀升。普五价格的涨涨跌跌，对非茅台酒价格有着直接影响。

从2022年的半年数据来看，五粮液反映出来的经营情况，是真实稳健的，风来的时候大家都可以狂欢，逆市的时候才更见功力。就当前的经济环境来看，我们无法对五粮液有更高的业绩预期，但能稳定保持两位数的业绩增速，借此等待自身老窖池的产能释放和市场转暖，已经是一个不错的结果。五粮液如果能做到厚积薄发，对于整个白酒行业来说，都是一件好事。

第三节　五粮液2022年三季报分析

从五粮液现状看白酒股的问题和机会（原文写于2022年10月28日）。

分析背景

2022年7—10月，市场整体都在下跌，白酒板块更是成了重灾区，连贵州茅台的股价，都出现了10月单月下跌29%的历史罕见跌幅。正常来说，三季报的数据披露较少，不作为分析的重点。但在这样的关键时刻，通过对五粮液的业绩和批价的论述，可以看出整个白酒行业存在的问题，尤其是中低端白酒的业绩压力会更大。文中通过对比分析，明确白酒行业虽然有阶段性压力，但基本情况尚可，不必过分担忧。发文三天后，大盘出现了强力反弹，五粮液的股价在不到三个月的时间里，上涨了60%。

在白酒行业中，第一品牌当然是贵州茅台，但最具有风向标作用的还是五粮液。茅台作为超高端产品，每年的业绩都是可以"计划"的，五粮液才是真正体现市场波动的晴雨表。白酒企业近两年的业绩高速增长，价格提升居功至伟。飞天茅台在零售端的价格领先同行走量产品太多，八代普五的一批价才是整个行业中，除飞天茅台之外量产白酒价格的天花板，它决定了各家酒企高端旗舰产品的价格标准，而这些产品的价格，又决定了该企业中低端产品的价格体系。

我们在市场上可以发现，尽管不少白酒企业高端产品的价格，在过去两年中一度涨势凶猛，甚至已经越来越接近八代普五的一批价。但在市场波动中，一旦八代普五的一批价出现下调，这些酒企的产品价格也会相应下浮，这就是五粮液对白酒市场价格体系的明确压制作用。在消费市场整体不振的大背景下，八代普五的一批价已经成为对全行业的封印，也和当年的散装飞天茅台价格一起，构成了观察白酒市场的主要风向标。我们研究五粮液，除了是在研究这个世界第二大烈酒品牌，也是在研究整个白酒行业。而每一瓶白酒背后带动的是一桌酒席，一场社交，一次商务活动，这也有助于我们更加深入地理解当前的消费市场。

一、五粮液三季报业绩超预期

如图 7-1 所示，我们先看一下五粮液 2022 年三季报的主要财务指标。

	本报告期	本报告期比上年同期增减	年初至报告期末	年初至报告期末比上年同期增减
营业收入（元）	14,557,309,237.20	12.24%	55,779,686,820.31	12.19%
归属于上市公司股东的净利润（元）	4,890,398,775.10	18.50%	19,989,335,348.86	15.36%
归属于上市公司股东的扣除非经常性损益的净利润（元）	4,908,714,059.89	18.23%	20,019,303,711.95	15.81%
经营活动产生的现金流量净额（元）	—	—	10,785,477,248.11	−29.95%
基本每股收益（元/股）	1.260	18.53%	5.150	15.37%
稀释每股收益（元/股）	1.260	18.53%	5.150	15.37%
加权平均净资产收益率	4.66%	增加 0.12 个百分点	19.25%	增加 0.22 个百分点
	本报告期末	上年度末	本报告期末比上年度末增减	
总资产（元）	134,684,500,168.15	135,620,812,221.13	−0.69%	
归属于上市公司股东的所有者权益（元）	107,323,732,739.61	99,068,498,346.24	8.33%	

图 7-1　2022 年五粮液三季报的主要财务指标

由于五粮液的大本营四川在 9 月前半月受到防控影响，直接导致中秋动销表现不佳，而且中报的合同负债同比下滑 70%，之前市场的预期，大部分都认为五粮液三季报能达到 15% 的归母净利润增速，就已经非常不错了。而最终披露的数据超出了市场预期，三季度的归母净利润增速为 18.5%。大家应该都还记得中报出台后，对五粮液合同负债的大量质疑吧，事实表明，合同负债的大幅降低并没有影响到五粮液的业绩，其应收票据已经扮演者蓄水池的功能。可喜的是，尽管三季度业绩表现不错，但合同负债和应收票据的额度环比仍然都是上升的，为四季度业绩提供了一定的支持。

二、白酒业绩的真实性

市场上对白酒业绩的怀疑还是比较多的，毕竟目前 GDP 的增速放缓，整体消费数据的增速也受到影响，社会消费品零售总额前三个季度同比只增长了 0.7%，而这些白酒上市公司的业绩基本都是两位数的增速。现在白酒市场的情况，和市场热度最高的新能源车有些相似。新能源车今年销量增长了 110%，但汽车行业的整体销量只增加了 4.4%。我们看到白酒上市公司的业绩出色，但实际上白酒行业规模以上企业的整体销量，近几年一直呈下降态势。

"少喝酒，喝好酒"是白酒行业消费的趋势，我们从身边的例子也可以看出，本地的白酒品牌越来越少，在分饼的过程中，头部酒企和新能源车一样，不断在行业总体销量受限甚至下降的趋势中，持续扩大自己的份额。而且和汽车相比，白酒还有一个优势，就是抗通胀能力，酒企可以通过提升价格让毛利率一直处于高位，在高端白酒上，表现得更加明显。从市场的库存调研中可以发现，高端白酒的库存压力并不大，基本上都在一个月左右，部分酒企在 2022 年 9 月还做了控量。但中低端白酒的库存去化压力仍在增长，后面如果价格没有提升空间，行业内部的竞争压力会逐步变大。

三、白酒股股价为何大跌

2022 年 10 月，白酒股普遍迎来了一场残酷的洗礼。当月，贵州茅台下跌了 25.18%，泸州老窖下跌了 30.94%，山西汾酒下跌了 24.16%，洋河股份下跌了 17.85%，连在行业里估值相对较低的五粮液也下跌了 18.99%。这些跌幅都是在 14 个交易日中完成的，2022 年 10 月的这轮行业整体性大跌，在白酒股的历史上都不多见。上涨需要合力，这种整体性大幅下跌，也是合力的结果。

1. 三季度整体业绩增速不及预期

在今年前三个季度，尽管经过了去年春节后的持续大跌，但白酒股的整体估值仍然处于过去 10 年中的较高位置。支撑这一估值的，是近两年来白酒企业持续高增长的业绩（见表 7-2）。

表 7-2　五家酒企市盈率数据对比

公司	市盈率（TTM）	2022 年			2021 年		
		三季报	半年报	一季报	三季报	半年报	一季报
贵州茅台	29.53	19.14%	20.85%	23.58%	10.17%	9.08%	6.57%
五粮液	20.44	15.36%	14.38%	16.08%	19.13%	21.60%	21.02%
泸州老窖	23.69	30.94%	30.89%	32.72%	30.32%	31.23%	26.92%
山西汾酒	37.15	45.70%	41.46%	70.03%	95.13%	117.54%	77.72%
洋河股份	20.90	25.78%	21.76%	29.07%	0.37%	4.82%	-3.49%

如果单看今年的三季报，五家酒企的表现都还是不错的，但

贵州茅台和洋河股份今年增速不错，是建立在去年同期增速较低的基础上的，两年平均来看，贵州茅台增长了 31.26%，洋河股份增长了 26.25%。它们的增速都没有超过五粮液的 37.43%。山西汾酒三季报 45.7% 的增速是五家酒企中最高的，但相比去年同期 95.13% 的增速，下滑也是最大的。五粮液三季度的业绩虽然超出预期，可整体增速是五家中最低的。只有泸州老窖从去年半年报到现在，增速一直保持在 30% 出头，但市场对股权激励期间的表现是否有足够的持续性，也存在担心。如果在常规的环境里，这样的业绩表现也是可以接受的，但在上证 50 指数本年度已经下跌了 27.27%（2018 年下跌了 19.83%），沪深 300 指数本年度下跌了 26.5%（2018 年下跌了 25.31%）的大背景下，风吹草动都会草木皆兵了。

2. 10 月白酒价格下降明显

2022 年 10 月，八代普五的一批价从 980 元跌到了 965 元，这是年内的低点，客观上反映了当前消费需求不足的现状。受此影响，其他酒企的旗舰产品一批价也均出现不同程度的下滑，甚至连贵州茅台 2022 年散装飞天茅台的价格，本月也下降了 50 元左右。白酒虽然有一定的抗通胀能力，受大环境短期变化的影响比较小，但这并不意味着可以完全脱离宏观经济的影响。从目前的情况来看，白酒价格的低迷仍将持续一段时间，看看年底的春节提振作用会有多大吧。当然归根结底，还是要看整体经济复苏的速度。

3. 外资流出的影响

白酒股，尤其是贵州茅台、五粮液、泸州老窖这样的以高端白酒产品为主导的白酒股，一直都是外资的重仓标的。2022 年，美元对人民币的汇率大幅增长，尤其是 8 月以来，不到三个月的时间里, 就增长了 7.4%。随着美元持续加息, 过去一个月的时间里, 北向资金净流出高达 447 亿元, 几大白酒企业都是大幅流出。目前来看, 11 月初加息之后, 美元利息大概率会达到 5%以上, 这是历史性高点。如果加息节奏平稳下来, 甚至随着美国通胀的抑制, 开始不断降息, 对白酒股来说会是一件好事, 但这需要一个过程。

4. 市场整体估值标准在下降

如前文所说, 由于 2019 年到 2021 年初时段的暴涨, 白酒股的估值整体上处于历史高位。即便是 2021 年春节后开始持续下跌, 目前的估值距离历史低位仍有距离。彼时沪深 300 指数的滚动市盈率为 10.64, 明显低于历史中位值 12.32, 位于 20.31%的分位点; 而市净率为 1.27, 大幅低于平均值 1.54%, 分位点是5.27%。在这样市场整体估值标准明显下降的大背景下, 白酒的估值就显得有些偏高了。10 月白酒股整体大跌, 代表着市场高估值阶段告一段落, 又一个周期开始了。

四、白酒股的机会

把白酒股当成优质标的, 这是牛市的态度, 但现在不是。但很多人想象着白酒股会重新回到 10 年前的估值, 以当前的社会消费能力和白酒行业自身的情况来看, 让五粮液的市盈率被杀到个位数, 就有些过于悲观了。

(1) 10 年前, 政策上的调整是釜底抽薪式的, 而现在所谓"禁酒令"的传闻不管真假, 政务消费早就不是白酒的主战场了, 目前的占比是个位数, 和当年不可同日而语。

(2) 加大内循环离不开促进消费, 白酒具有强大的杠杆作用，可以撬动更多的餐饮、商务和社交消费，这种价值在当前需要释放，而不是去抑制。

（3）白酒企业以国企为主，都是各地的收入主力，这和地产、教育、互联网等行业完全不同。后地产时代的每一份收入都非常宝贵，值得珍惜。

（4）虽然现在的消费增速开始趋缓，但整体仍然可以维持在一个较高的位置上。中国的中产和中产以上人群的数量，已经是世界上最多的，此方面的基础要比 10 年前坚实很多。

（5）经过 10 月的大跌，主要白酒企业的滚动市盈率大都在20 多倍，后面重点关注的是，它们能否让自己的业绩增速还维持在一个较高的位置上。以白酒的产品特点和市场基础来看，只要酒企们能证明自己可以持续保持 15% 以上的业绩增速，即便股价不变，也很快就会让估值降到十几倍，股息率也会大为改善。

（6）短期来看，白酒的股价仍未企稳，如果在左侧买入，主要的问题是投资者准备持有多长时间。如果是一两年，风险难测；如果是三年以上，现在的白酒股已经不贵了；如果是五年，现在的白酒股很便宜。当然，所有的前提，是企业经营本身不出问题。

第四节　五粮液 2023 年中报分析

真实的五粮液，揭示的白酒真相（原文写于 2023 年 8 月 27 日）。

分析背景

2023 年中报，五粮液的单季度归母净利润大幅下降，市场都在惊呼五粮液暴雷了。本文通过对宏观环境、五粮液的经营性现金流、合同负债以及应收票据，进行综合分析，判断出五粮液二季度的业绩确实不佳，但公司是完全有能力调节的，之所以没做，是为了更好地维护住渠道价格，这是有远见的经营策略。相比之下，部分酒企的业绩，表面上看起来不错，但难逃企业向渠道压库存的嫌疑。从之后一年时间的表现来看，2023年确实有一些企业为了短期业绩，在渠道里压了不少库存，这也为2024年下半年的业绩大变脸，埋下了伏笔。

五粮液的中报出台让很多人大跌眼镜，2023年上半年营业收入为455.06亿元，同比增长10.39%；归母净利润为170.37亿元，同比增长12.83%。单独来看，二季度五粮液的营业收入为143.68亿元，同比只增长了5.1%；二季度的归母净利润为44.95亿元，同比只增长了5.1%。对五粮液这样的超级品牌来说，过去数年都保持了较高的增长速度，即便是受到严重影响的2022年，五粮液营业收入也增长了11.72%，归母净利润则增长了14.17%。五粮液二季度5.1%的归母净利润增速，在市场已经出现一定程度复苏的大背景下，确实显得有些苍白。

白酒行业虽然有着很好的商业模式，但仍然是宏观经济下的一个细分类别，我们要理解五粮液增速下滑的性质，还是要从更高的维度进行审视。全行业中，除了贵州茅台因为出厂价和一批价之间的巨大价差，拥有着无与伦比的安全垫之外，即便是五粮液这样的强势品牌，也一样会受到经济大环境的直接影响。2023年上半年，全国社会消费品零售总额为227588亿元，同比增长了8.2%。但这个增幅主要是一季度增长较快，从5月开始，增速就出现了快速滑落，到了6月，当月社会消费品零售总额为39951亿元，同比只增长了3.1%（见图7-2）。

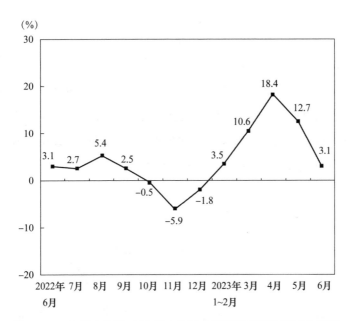

图7-2 2022年6月至2023年6月社会消费品零售总额同比增速

再看餐饮收入，同比增速也是在二季度出现了大幅回落，从4月的43.8%跌落到了16.1%（见图7-3）。可见，二季度的消费市场和餐饮市场相对于一季度，出现了非常明显的下滑，在这个大背景下，五粮液单季度业绩表现不佳，也是客观反映了市场环境。

当然，在已经发布中报的部分白酒企业的报表上，二季度的增速看起来还是比较高的。但这主要是去年二季度，很多城市都在防控，某些企业当时的业绩表现欠佳，有的甚至呈负增长，而五粮液去年二季度还保持了10.32%的归母净利润增速，一进一出之间，显现出来的增速差额就比较大了，这其实是基数不同造成的。实际上，五粮液的业绩也没有看起来那么差，中报的归母净利润增速是 12.83%，比一季报 15.89% 的增速低了 3.06%，相当于 4.6 亿元的利润缺口。在 2023 年的中报里，合同负债为 36.49 亿元，同比增长了 94.46%，增加金额达到了 17.72 亿元。而 2023 年上半年的净利润率是 37%，这部分合同负债，能创造出来的归母净利润可以达到 6.56 亿元。也就是说，2023 年中报同比多出来的合同负债，如果五粮液愿意多发些货，不但可以确保达到一季度 15.89% 的业绩增速，甚至可以提升得更高。

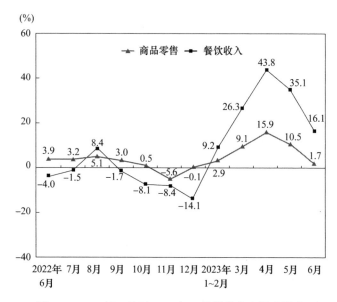

图 7-3　2022 年 6 月至 2023 年 6 月餐饮收入同比增速

非不能也，实不为也。从这个数据的处理来看，我们在这份五粮液的中报里，可以清晰地看到两个字——真实！疫情对各家酒企的影响都是很大的。五粮液在过往两年，都拥有数额庞大的应收票据，虽然这些都是信誉无忧的银票，但还是被不少投资者所诟病。究其根源，是五粮液充分体量经销商的难处，没有过分透支下游企业的资源，尽自己所能来为其提供便利。

2023 年中报数据显示，五粮液的应收款项融资，已经从年初的 289 亿元降到了 255 亿元，降幅明显。而公司经营活动产生的现金流量净额，同比暴增 500.39%，达到了 113 亿元。公司解释的是"主要是本报告期消费市场复苏，公司现金回款比例提高，银行承兑汇票到期收现额度较高，销售商品提供劳务收到的现金大幅增加"所致。这些数据充分表明，经销商的压力已经明显减轻，可以用更多的现金来支付货款，库存和销售端都得到了很大的缓解。同时五粮液没有再给经销商施加更大的库存压力，也没有粉饰报表，目前我们看到的中报，就是当前白酒企业的真实状况。

由于品牌强势和货品没有保质期等原因，上市白酒企业在和经销商的业务往来时，可能会要求对方提升库存，以此来让自己的业绩报表更加好看。市场机构的调研表明，五粮液的库存基本保持在不到一个月的状况，属于正常的市场表现。而部分酒企的实际库存，目前仍在两到三个月甚至更久，明显高于正常情况下的水准。我们看报表数据，只看到面上的部分是不够的，结合库存和过往基数，才能更清楚地看到这个市场正在发生什么。当然，作为普通的个人投资者，是很难实时了解各家酒企库存现状的。这个时候，我们可以用价格来作为一个观测指标。

五粮液最重要的价格指标就是八代普五的一批价，在年初这个价格一度跌到了 930 元以下，经过半年的去库存和厂家控货挺价，现在已经恢复到了接近 940 元的标准，距离去年年中时候的 960 元，还有 20 元的差价。2023 年上半年，五粮液产品的销售量是 21588 吨，同比增长了 15.82%，但由于市场价格的弱势，导致出现了销售量增速明显大于销售额的不佳表现。

同时我们也要看到，其他酒企主要产品的价格也都是普跌的。飞天茅台的一批价下跌了15元，倒是不多，但茅台1935的一批价却出现了高达325元的大跌，远远没有刚上市时候一瓶难求的盛景。其他主要白酒产品的价格，国窖1573同比下跌了20元，青花20同比下跌了30元，洋河梦6+同比更是下跌了55元。这些都是各家酒企的主要利润来源，大家都在跌价，为什么有的企业的业绩看起来就那么好呢？不多评判吧，我们做对比主要是说明五粮液的业绩真实地反映了市场现状，二季度只有5.1%的增速肯定是不理想的，但至少我们可以看到，其产品销量仍然保持了不错的速度，看到了报表数据的真实性。白酒企业要真正走出困境，还是要等宏观大环境变暖。

大家对某些酒企的高增长还是多一些警惕，要看到靓丽数据的背后到底是什么，如果看不清，还是多看少动为好。就当前五粮液的估值和近期市场股价走势而言，我们看到的负面数据已经基本体现了企业的真实状况，大盘在低位，企业估值也在低位，不必太悲观了。

第五节　五粮液 2023 年年报分析

从五粮液的分红看内在价值（原文写于 2024 年 4 月 28 日）。

分析背景

在 2023 年年报和 2024 年一季报中，虽然有些酒企还在做最后的掩饰，但从财报中已经明显看出来后劲不足了，这跟之前两年里不断压库存有直接关系。本文虽然对五粮液业绩的真实性表示了信任，但也明确看出在当前的大环境下，五粮液的业绩也很难继续保持前几年的增速。这个时候，能够支持股价的最有力的武器，就是高分红。在将分红率提升到60%后，股息率超过了3%，对ROE长期超过20%的酒企来说，这个股息率已经是非常好的安全边际了。

五粮液2023年的营业收入是832.72亿元，同比增长12.58%；归母净利润首次站上300亿元，为302.11亿，同比增长13.19%。2024年一季度的营业收入是348.33亿，同比增长11.86%；归母净利润是140.45%，同比增长11.98%（见图7-4）。

	本报告期	上年同期	本报告期比上年同期增减（%）
营业收入（元）	34,832,906,762.77	31,138,862,489.34	11.86
归属于上市公司股东的净利润（元）	14,045,140,540.62	12,542,086,212.64	11.98
归属于上市公司股东的扣除非经常性损益的净利润（元）	14,038,692,986.63	12,455,824,184.77	12.71
经营活动产生的现金流量净额（元）	516,195,072.59	9,535,617,536.41	-94.59
基本每股收益（元/股）	3.618	3.231	11.98
稀释每股收益（元/股）	3.618	3.231	11.98
加权平均净资产收益率	10.28%	10.43%	减少0.15个百分点
	本报告期末	上年度末	本报告期末比上年度末增减（%）
总资产（元）	180,610,175,713.37	165,432,981,684.75	9.17
归属于上市公司股东的所有者权益（元）	143,603,381,581.13	129,558,241,040.51	10.84

图7-4 五粮液2024年一季度业绩数据

这些数据基本符合市场预期，而对于那些悲观者来说，则是大大超出了他们的预期。前一段时间，已经有人把五粮液的业绩增速，看衰到个位数了。今年五粮液的目标，仍然是两位数增速，一季报大致给全年业绩定了个调。

有人说，不要太看重季报。对于很多行业来说确实是这样的，但对于白酒行业而言，一季报至关重要。五粮液一季度的归母利润，已经占到去年全年的46%，对完成今年的业绩举足轻重。而且一季度的收入有很大一部分是去年四季度的预收款，这个季度的收入和利润，体现的是两个季度的工作成果。另外，一季度是给全年定调的，销售价格、销售量、销售结构、上市新品、回款率、回款方式等，这些都会直接影响全年基调。一季度好，全年基本不会太差；一季度不好，除非有重大经济转折，否则全年都很难好起来。

在五粮液的财报中，我最关注的是分红率。在经历了对贵州茅台和泸州老窖分红率提升的预期落空后，五粮液终于没让人失望，分红率增加到了60%，这是里程碑式的进步。股息率是动态的，如果利润下降，分红率不变，股息率也会降。反之，当前的股息率可能看起来并不是非常高，但利润增速较快，即便股价不涨，后面几年的股息率也会变得越来越高，足以带给投资者满意的回报。现在五粮液的股息率是3%，但对五年前50元买入的人来说，实际股息率已经接近9%了，而且还会有很大可能以每年10%的增速不断提升。

在市场高歌猛进的时候，大家更关心业绩增速，但天花板总是有的，经济周期总是有的，任何企业都不可能长期保持过高的增长速度。近两年红利股受到各界资金的青睐，这也是市场寻找确定性的一个表现。高 ROE 基础上的高股息，是长期投资最好的护城河。白酒行业现在的整体形势是：除了贵州茅台和五粮液，渠道库存都在增大。如果经济增速较快，这部分库存可以软着陆，分批出清。反之，一两年后会有酒企业绩出现大变脸。

很多人都在期待白酒行业的反转，那就关注这个核心指标吧——八代普五的批价！什么时候普五批价站稳千元，行业趋势也就真正反转了。但从五粮液年报的披露来看，现在还明显处于以量补价的阶段，2024 年的一季报也还在延续。这个财报季结束了，大家对白酒行业应该不必再有太多悲观了，但还需要有足够的耐心，至少今年各家酒企的压力还是不小的。我们应谨慎乐观，等待大环境的指引。

第六节 五粮液 2024 年中报分析

从五粮液中报看白酒企业市值维护的最佳方式（原文写于 2024 年 8 月 28 日）。

分析背景

2024 年中报发布后，各家酒企的业绩开始一个个变脸了，对不少习惯了高增长的投资者来说，确实大大出乎意料。实际上，通过前面对五粮液财报的持续跟踪，我们已经看出了行业的发展动态，这样的业绩表现是在所难免的，而且还会延续。2024 年，五粮液股价的走势，一直都在头部酒企中独树一帜，各家酒企的当年股价基本都在下降，而五粮液大部分时间里仍然保持了上涨。原因就在于，市场开始相信五粮液前几年看起来平淡的业绩，实际上是最真实的，没有压货，没有作假。而五粮液提升到60%的分红率，更是成了大资金最好的信心来源。本文也提倡白酒企业尽量提升分红率，这是对企业市值最好的维护方式，甚至比回购的效果更好。之后一个月，"9·24行情"启动，白酒股纷纷暴涨。五粮液的股价，也一度在9个交易日内，出现了高达67%的巨幅上涨。

五粮液2024年中报的数据如下。

（1）营业收入为506.48亿元，同比增长了11.30%。

（2）归母净利润为190.57亿元，同比增长了11.86%。

（3）经营活动产生的现金流量净额为134.28亿元，同比增长了18.52%。

（4）合同负债为81.58亿元，同比增长123.55%。

（5）存货168.47亿元，同比增长了4.65%。

（6）现金及现金等价物余额为1252.96亿元，同比增长了39.59%。

五粮液的股价在经历了近期持续下跌后，很多人的悲观情绪已经非常严重。五粮液二季度的归母净利润没有看空者想象的那么差，还是保持了11.5%的增速，虽然比一季度的11.98%有所下降，但这个幅度比起中报季很多白酒企业的业绩表现来说，要稳定太多了，媲美贵州茅台。可这个11.5%的利润增速，是建立在去年二季度只有5.1%的超低增速基础上的，两年复合增速来算，就降到8.3%了。即便如此，以五粮液当前已经达到4.1%的股息率，以及不到14倍的滚动市盈率，再结合连续多年保持在20%以上的ROE，价值不言而喻。

销售费用大增，大家都明白那是用来维护名义出厂价的，白酒乃至整个消费板块的难处显而易见，即便是一人之下的五粮液，也必须努力赚钱了。但营收就是营收，利润就是利润，五粮液有能力用自己的方法把增速维系住，这就是高端白酒商业模式上的优势。五粮液挺住了，可下面的酒企日子就不好过了。普五的实际价格（出厂价减去促销费用）仍然涨不上去，国窖1573的价格就只能在900元之下徘徊，而其他次高端产品的价格即便下调，也未必能卖得出去。这就是当下的大环境，消费是终端板块，它所体现的不仅仅是自身的经营表现，也充分反映了全社会在生产端、收入端和消费信心上的波动。飞天茅台在降价，五粮液在大力促销，下面的各档次白酒则一直在不断下调销售价格。

从山西汾酒的中报来看，低端产品倒是走势不错，弥补了一部分中高端产品的增速缺失。但白酒的产能这些年来一直在下降，而销售收入却稳步增长，靠的是中高端产品占比的提升，以及以此带来的梯队产品的提价节奏。一旦次高端阵营挺不住，除了少数具有绝对品牌优势的酒企，大部分酒企的处境都会更加艰难。

现在最难的是那些上不去天，也接不了地气的酒企。我们已经看到了部分以次高端产品为主的酒企，业绩出现了大幅下滑，数据触目惊心。它们的处境不仅仅是库存问题，高梯队产品价格重心的下移，对它们来说是降维打击，后面即便库存问题有所缓解，要恢复几年前的状态，也并不容易。

贵州茅台和五粮液虽然拥有足够强大的品牌优势，但当下的环境一直持续下去，肯定会逐渐蚕食它们的护城河。而这些东西，也是它们自身难以改变的。这也是即便有些酒企的业绩看着还不错，但股价也继续下跌的根本原因。就目前而言，要想做好企业的市值管理，酒企们除了要花费更多精力在产品和营销上之外，还要真金白银拿出足够的分红来。高股息是最好的安全边际，即便是销售增速出现下降，只要股息率够高，资金就有青睐的理由。贵州茅台已经做了表率，但它的市盈率还在 20 倍之上，股息率的诱惑力还不够，但对于贵州茅台来说，3.5% 左右的股息率也不低了。而那些市盈率 10 倍出头的酒企，把股息率提到 4%～5% 甚至更高，还是能够做到的。

在行业逆周期中，业绩要受很多因素制约，但分红就是企业的诚意。加大分红，提高股息率，是白酒企业维护自身市值的最佳方式。

白酒股的未来

第八章

第一节　年轻人不喝白酒了吗

市场总是有周期的，一旦白酒股的股价表现不佳，就会有人开始讨论"年轻人不喝白酒"的话题。长期关注白酒股的老朋友对此话题应该不陌生，过去十多年里，每隔一段时间就有人抛出这个话题，那些表述中都纷纷举自己身边的例子，表明现在的年轻人确实不喝白酒了。

年轻人不喝白酒，这件事本身并不能说明什么。从人体的味觉角度来理解，年轻人的味蕾比较敏感，对白酒的辛辣刺激反应较大，而且肠胃功能更好，所以更喜欢用大杯喝啤酒。而对于中老年人来说，一方面肠胃功能弱化，开始对啤酒的涨腹感有所排斥，而同样酒精含量的白酒，饮用量可以小很多，更适合其身体需要；另一个原因在于，随着年龄增长，人的味觉功能逐渐退化后，反而需要更多刺激性，这时白酒的口感和回味优势就充分体现出来了。

其实现在喝"茅五泸"的人中，年轻时大部分也是不喝白酒的。一代一代人都是这么过来的，这是一种生理规律。当然，作为投资者，我也不是很在意这件事，因为我一向都不投那些年轻人喝的白酒。还有一个说法，就是现在新生人口的数量明显下降，以后喝白酒的人会越来越少。确实，在过往几十年中，我们充分享受到了人口红利的好处，那么在此项红利出现变化之际，原有的很多逻辑都在发生颠覆性变化，悲观自然会是一种顺理成章的情绪。

经济发展总是有起有落的，任何一个成长逻辑都会有穷尽的时候。但一个好的经济体，会在一个逻辑变弱的同时，出现一个新的逻辑，此起彼伏，生生不息。当下，人口的数量型红利已经不可逆转地开始消退，但品质型红利却是方兴未艾，这是经济体走向高度成熟的一种表现。典型的行业就是白酒，2016—2023年，规模以上白酒企业的产量已经从 1358.4 万千升下降到 671.2 万千升，下降了 50% 多。但行业规模以上企业的销售收入却从 6125 亿元提升到了 7563 亿元，不降反升。各主要上市公司的销售收入更是在七年的时间里普遍出现了数倍增长。

原因就是在数量型红利消退的同时，随着居民收入的不断增长，人们对品质型白酒的需求越来越大。大量低端白酒陆续退出市场，各地原本星罗棋布的小酒厂由此纷纷倒闭，取而代之的是头部品牌。所以在持续不断的看衰声中，贵州茅台、五粮液等头部企业的业绩仍然让人看着眼红。世界前十大烈酒品牌甚至已经被中国白酒企业占据了六席，各白酒上市公司仍然都是当地的主要纳税大户。50 后年轻时喝的是散装白酒，60 后喝的是二锅头，而现在 70 后和 80 后喝的是"茅五泸"，这就是时代进步带来的显著区别。未来，白酒的消费量也许还会下滑，但只要国人的财富积累不断增加，高端白酒的消费就仍然有水涨船高的理由。

决定商品销量和价格的，从来不是全体居民的数量，而是那些愿意消费并且能够承受这些商品价格的人的数量。只要 GDP 还在持续增长，只要中国富裕人群的数量还在保持上升，具有绝对稀缺性的高端白酒，就仍然会有足够大的市场空间。这种数量型和品质型的对比，很多行业都在体现。家电、啤酒、汽车等行业，在数量型增速受限后，都是通过品质型提升，来不断完成行业增长的。其实，对有的人来说，喝茅台是种奢侈；对有的人来说，喝茅台是因为没有更好的酒了；而对有的人来说，喝茅台和吃臭豆腐差不多，只是一种习惯。财富进步决定了消费习惯，历来如此。

做投资，千万不要人云亦云，也不要想当然。我们买的每一家企业，都是建立在企业经营基础上的，与其靠经验主观臆测，不如好好理解一下这些产品都是谁在买，这些目标客群到底是在增长还是在减少。想要了解茅台酒质，是需要品的；想要了解茅台股票，那就别只看着自己身边的人发感慨，到城市里最高端的酒店去，观察一下最大的包间，看看里面都是什么样的人，他们喝的是什么酒，会喝多少。

不要让那些与产品无关的人，影响你对企业的理解。

第二节　什么决定了白酒的周期

万物皆有周期，白酒也不例外，但白酒产品具有没有保质期的特点，而且除了清香型白酒，大部分白酒都是放置几年后再喝口感会更好，这使白酒企业的逆周期能力在长期发展中具有明显优势。即便遇到 2012 年那种多重负面因素叠加导致的灾难性行业危机，白酒企业也能够在几年时间内恢复元气，并以更快的业绩增速弥补前面的损失。以五粮液为例，2012 年的归母净利润是99.35 亿元，其后九年时间里，有五年的归母净利润是低于这个数字的，但九年算下来归母净利润年均复合增速仍然超过了 10%。拉长时间来看，五粮液 2010 年的归母净利润是 43.95 亿元，中间经历了历史上最惨痛的外界变化和战略失误，后面 10 年的归母净利润年均复合增速还是达到了 16.3%。

从历史上来看，白酒行业的两个主要拐点是 1998 年和 2012 年。**白酒行业的周期性更多表现在受宏观环境影响上，与 GDP 的拐点高度吻合。宏观经济的发展节奏，才是决定白酒行业周期性的核心因素**，那种用酒价的变化来解释行业周期的做法，是用现象解释现象，甚至是倒果为因的。要知道，从来都是行业变局影响酒价，而不是酒价影响行业变局。

20 世纪 80 年代，我国白酒产品普遍供不应求。90 年代前期，酒企的计划指标被放开，纷纷扩产，行业产量从 1990 年的 470 万千升，迅速增长到 1997 年的 709 万千升。这期间也是 GDP 快速增长的时段，从 1992 年到 1997 年，始终保持着两位数增速。1998 年，白酒产量遽然下滑，从 1997 年的 709 万千升跌落至 573 万千升，同期 GDP 增速也从 11% 直接跌到 6.9%。那之后，白酒产量一路走低，直到 2004 年才探底，产量只有 312 万千升，而 GDP 则是在 2003 年重回两位数，与 2004 年基本持平，之后便一路高歌，到 2011 年仍在 9.3% 的高位，同年白酒产量也首次站上了 1000 万千升。2012 年，白酒行业的遭遇众所周知的危机，同年 GDP 增速也从前一年的 9.3% 大幅回落至 7.8%，跌幅仅次于 1998 年和 2008 年这两个历史性危机之年。

从过去 30 年的历史来看，白酒行业向下的大拐点，一定是伴随着 GDP 增速大幅下滑的。GDP 增速下滑不是白酒行业向下拐点的充分条件（2008 年和 2020 年都不成立），但却是必要条件。也就是说，即便白酒行业内部出现压力（如 2002 年的消费税调整），没有 GDP 增速的大幅下滑，行业仍然可以保持较好的增长趋势，白酒行业的周期与宏观经济的发展情况直接相关。

从 2022 年开始，各家白酒上市公司的业绩不断下滑，很多人归咎于渠道中高企的库存。这当然是一个重要原因，但它更多是行业下行导致的结果，而这个结果又加快了行业下滑的速度。其核心问题，还是经济体增速放缓，导致了作为终端的消费行业，表现出整体性的降级趋势。后面判断白酒行业是否已经完成了触底过程，不是看酒价，而是继续观察 GDP 的走势。稳增长无忧，白酒自然无忧。

万物皆有周期，在逆周期面前，白酒行业的抗压能力还是比绝大多数行业更加强大的。这主要是因为白酒可以凭借没有保质期的优势，在遇到市场不佳的时候，白酒企业可以控量挺价。虽然短期业绩看起来不好看，但由于白酒具有年份延长口感更佳的特点，这一周期牺牲了收入，但等行业进入景气周期的时候，却多了很多年份老酒，可以卖出更高的价格。2013 年和 2014 年那一轮降价放量的企业，包括五粮液、泸州老窖等，后期业绩的恢复都相对缓慢，与贵州茅台真正的差距也是从那一轮困局开始被拉大的，这一点所有白酒企业都很清楚。

所以到了 2024 年，很多白酒企业没有像 10 年前那样进一步压库存，而是适当放缓了增速，来竭力保证价格的平稳。这一方面可以维护品牌的声誉；另一方面也能呵护渠道，保证整个产业链在周期压力下不会出现大的损失。这种情况是酒企越来越成熟的一种表现，也是其能力强化、现金流充沛的结果。白酒行业自身确实有困难，但这主要来自于外因，行业内部结构要比 10 年前好很多。只要宏观经济环境好转，白酒依然会重现消费之王的风采。

第三节　与美日对比，看白酒的成长空间

当市场不佳的时候，随着股价的下跌，看衰白酒的声音就会不绝于耳。他山之石，可以攻玉，我们借用几张图，看一下在经济发达的美国和与我们文化相近且经历了经济衰退期的日本，在烈酒市场都是什么状况，以下内容供大家参考。

一、中国烈酒消费量世界第一

美国是世界第二大烈酒消费国，日本排第三，中国则是世界第一大烈酒消费国，总规模相当于美日的总和。在中国的烈酒消费中，白酒占绝对主导地位。和威士忌、白兰地、伏特加这些烈酒不同的是，白酒主要在正餐的时候饮用。与西餐和日餐相比，中国的菜系，油盐比较重，更适配高度白酒。单次饮用量，也因此会大很多。

二、美日的人均烈酒饮用量长期上升

在过去20多年时间里，美国的人均烈酒饮用量保持了持续上升的趋势，日本由于在20世纪90年代经历了经济上的严重衰退，阶段性出现了人均饮用量下降的情况，但在最近20多年的时间里，日本仍然保持了较快的增长速度，增速甚至超过了同期的美国（见图8-1）。90年代之后，美日都是经济高度发达的国家，国民文化素质相对较高，饮食习惯稳定，其人均烈酒饮用量的持续增长具有一定的代表性，表明烈酒对人类具有强烈的吸引力，且具有长期成长性。

 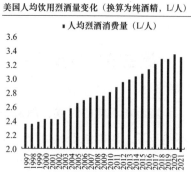

图 8-1 美国和日本烈酒饮用量对比

三、美日酒类市场中，烈酒份额均长期保持增长态势

很多人看好啤酒市场，认为其早晚会取代白酒，成为市场的主流。实际上，中国啤酒企业 2023 年的利润总和为 260 亿元，比起五粮液一家公司的 302 亿元都少了很多，更不要说和贵州茅台相比了。从美国和日本过去 20 多年里酒类市场的份额占比中可以看出（见图 8-2），两国啤酒的市场份额一直都在下降，而烈酒的占比则一直都在提升，中国市场也在延续这一规律。

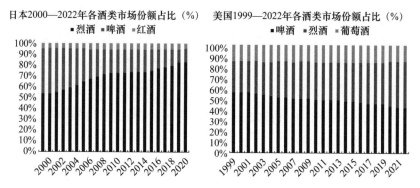

图 8-2 美国和日本各酒类市场份额占比

四、烈酒中的超高端产品，长期优势明显

从美国市场的苏格兰威士忌销量结构及单价变化图（见图 8-3）中可以看出，过去 20 年，其出厂均价始终保持了增长趋势。这一方面表明产品在不断涨价；另一方面则是其中的超高端产品占比不断提升，导致结构性价格增长。这个现象，和中国白酒市场的表现完全吻合。

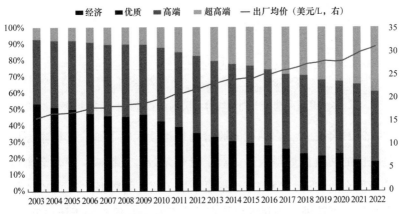

图 8-3 美国市场的苏格兰威士忌销量结构及单价变化

五、烈酒的逆周期增长能力

参照美国高端以上烈酒均价和美国消费者信心指数对比图（见图 8-4），高端烈酒的定价能力可见一斑。即便在 2007 年次贷危机和 2020 年的疫情期间，经济出现大幅波动，消费者信心指数呈断崖式滑落，高端烈酒的价格仍然坚挺，还是在不断增长。我们通过与世界第二大和第三大烈酒市场对比可知一些规律性的表现，几个市场基本一致。中国 2023 年的人均 GDP 为 12500 美元，

距离 20 年前的日本还有明显的距离，与同期的美国也是相差甚远。美日两国过去几十年的烈酒消费特点，对中国白酒的未来发展有很强的参考价值和指引作用。

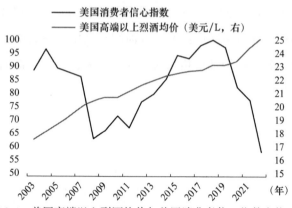

图 8-4　美国高端以上烈酒均价与美国消费者信心指数走势对比

2021 年之后，白酒股的股价出现连续大幅下跌，其根本原因是之前的估值被炒得太高。对于贵州茅台、五粮液、泸州老窖这些成熟企业来说，70 倍市盈率是个过于疯狂的数据。到了 2024 年下半年，五粮液、泸州老窖的市盈率都在十几倍，处于历史低位，贵州茅台的市盈率也跌破了 20 倍，是八年来的最低位。几年前，喊着白酒最牛的投资者，有些恐怕就是在股价大跌后把茅台酒价看到 1000 元以下的人。白酒不是最牛的，也不是会被时代摒弃的糟粕，你喜不喜欢，它就在那里。

第四节　白酒股，价值投资的压舱石

巴菲特有个著名的 20 个孔理论，说的是："我给你一张卡片，你每做一笔投资就在上面打一个孔，最多可以打 20 个。一旦这 20

个孔都被打完，你就不能再做任何投资了。"这是告诫投资者做交易的时候一定要慎重，要对准备投资的企业进行足够深入的研究，绝不能贸然买进。这段话也引出了我在另一个角度上的理解，那就是投资者在一生中，真正懂的股票很难超过 20 只。大多数人能看明白两三个企业就很好了，而这也需要年复一年日复一日努力。很多人以老股民自居，但真正懂的企业一个都没有，几十年里一直在追概念和题材，做所谓的趋势投资，时间不会是他的朋友。

在投资中，如果时间足够长，投资者总要跨越几个经济周期，期间持仓股的股价大概率会大起大落。有时候，投资者就像一条在惊涛骇浪中被不断抛起又落下的小船，所有的投资信条，所有的企业研究成果，在这个时候都让人感觉到难以信任。尤其是在熊市末期，市场会出现严重的无理杀跌，即便在投资者看来，当时的估值已经严重低于企业的内在价值，但股价仍然一路下杀，动辄还会出现放量暴跌。这个时候，如果投资者有几只经过长期研究，对其商业模式和发展前景绝对信任的股票，他就可以安心很多。因为他知道，他选择的企业要比他自己拥有更强大的经营能力和更优越的资源禀赋，把现金换成这家企业的股权，会让他的资产得到更好的保护，创造出更多的投资收益。

这样的股票，就是投资者的压舱石。我的压舱石就是白酒股。每次大熊市的末期，我的仓里基本都会有三类企业的股票，银行股、保险股，还有一个就是白酒股。银行和保险都是金融行业的核心板块，与宏观经济息息相关，如果市场估值被极度压低，后面大环境反转的时候，是不会落下银行和保险的。而且由于这两个板块的市盈率长期都处于低位，在熊市末期的时候，随着股价大跌，其股息率都会出现大幅超过 10 年期国债收益率的情景，这是一个非常好的安全边际了。

至于白酒股，前面我们已经分析过很多它的优势了。在熊市末期，企业的基本面往往会遭遇很多困难，这个时候白酒企业有息负债率极低和自由现金流极其充沛的优势，是我对它们高度信任的核心因素。而且只要经济得到恢复，人们对美好生活的向往就会迅速爆发出来，而作为消费之王的白酒板块，在每一次由熊转牛的行情里，股价都会有大幅反弹的表现，堪称"反转之王"。

2024 年，市场经历了 2 月和 9 月两次洗礼，上证指数两次都跌破了 2700 点，但在我看来，这个时候的白酒股比黄金还要珍贵。尤其是 9 月的时候，很多朋友都问我，飞天茅台的酒价都要跌破每瓶 2000 元了，白酒行业是不是要一蹶不振了。但我始终坚信白酒的价值，尤其是在贵州茅台和五粮液的股息率达到了 4% 左右，泸州老窖的股息率超过 5% 的时候，我更加坚信它们的投资价值。到 9 月底的时候，市场出现大涨，白酒股也出现了暴力拉升行情，中证白酒指数的涨幅达到了 60%，超出了同期沪深 300 指数 50% 之多。

尽管消费复苏是需要过程的，白酒行业去库存和挺酒价的工作，还需要努力做到更好，白酒股的股价也仍然有一定的波动性，但白酒行业，尤其是高端白酒企业的内在价值，在整个市场中依然是可以长期信赖的。对于任何股票，在估值过高的时候我们都需要警惕，但在估值处于历史性低位的时候，白酒股始终是大家可以信任的压舱石。

投资者的自我修养

第九章

第一节 为什么明白了那么多道理，
还是做不好投资

在网络上，谈投资理念的文章，总能得到更多热度。正确的理念当然是非常重要的，但很多人之所以如此看重这些"心法"，更主要的原因，是自己没有足够的企业研究能力。他们期望着即便对企业的研究没那么深入，严守理念，一样会让自己大赚特赚。但有时候，投资者看错了企业，所谓的理念越正确，执行越坚决，亏的钱也就越多，这就是南辕北辙的道理。

研究企业是硬功夫，需要扎实的行业理解、足够的财务知识，以及年复一年、日复一日地保持关注和研究力度。这都是基本功，是真正的投资者必须要做的日常功课，不是靠背几段大师名言、读几本书就能代替的。也有些投资者，觉得自己对企业的理解不到位，便把钱投向了基金。但他们买基金，往往也只是看看基金的名字和基金经理的过往业绩。其实买基金比买股票更难，买股票的投资者可以只研究三两只，但买基金至少要都对其十大持仓股都有足够的理解，更重要的是对基金管理者有足够的道德认识。

市场不好的时候，总有一些基金经理，被投资人投诉高位接盘，导致基金巨幅亏损。这些基金经理的专业能力各有所长，但有些诱惑真是让他们难以抗拒的，相比之下，管理费都是九牛一毛了。投资无捷径，我们别幻想着一朝顿悟就能实现财务自由。证悟总比开悟难，开悟是明白了一些事情，而证悟则是让自己在错综复杂的市场变化中，一直都明白这些事情。投资者得跟得上变化，更要穿过变化找到那些不变的东西，这种能力更多来自于对市场和企业的感悟。"价值"两个字，背后是我们对目标企业生意逻辑、商业模式、经营管理、行业趋势、市场竞争和企业道德的全方位理解。

巴菲特每年在那里讲上几个小时，这些看起轻描淡写的言语，背后是他在数十年惊涛骇浪中得来的经验和教训。如果听者在这里面学到了几句话，就以为领悟到了价值投资的精髓，那就是买椟还珠了。要想成功，有些事是我们必须要做的，躲不了。躲了，就是对自己不负责任。一个对自己都可以偷懒的人，还指望谁来给你恩赐呢？

第二节　投资是认知的变现吗

投资是认知的变现，这是广为流传的一句话，但现实中却有很多反例出现。在这个市场上，有很多人见识高远，但总是在赔钱。也有些人对行业、对企业、对产品的理解并不深刻，但多年下来，他们仍然能赚到钱，有的甚至还赚得不少。我曾经认识一位投资者，他持有了13年贵州茅台，收获颇丰。但与其交流关于茅台的产品、经营等方面的内容，他几乎一无所知。他不知道茅台的生产工艺，不知道茅台每年的基酒产量，甚至不知道茅台酒当时的出厂价是多少，他只知道茅台酒供不应求，自己也经常喝茅台，然后就一直拿着这只股票。

在20世纪90年代，有个举世瞩目的管理团队，创建了一个对冲基金公司，这就是著名的长期资本管理公司。公司的核心人物，包括诺贝尔经济学奖得主罗伯特·默顿，他提出的著名的"默顿模型"被广泛应用于各种风险资产及金融衍生产品的定价工作中；诺贝尔经济学奖得主迈伦·斯科尔斯，著名的期权定价方程 B-S 公式的创建者；戴维·马林斯，美联储原副主席，曾被视为格林斯潘的继任者。这样一个梦幻阵容，1994 年入市后一路高歌猛进，但在 1998 年，不到半年时间，长期资本就出现了高达 90% 的巨幅净值下降，最后不得不请求美联储救助，把 90% 的股权转让给 14 家华尔街银行。五年时间，净亏 70%。

其失败的原因，有遭遇金融危机的影响，但更重要的是前期的成功，让管理团队更加自信，忽视了市场风险，不断提升杠杆，追求更高的回报率。四年的辉煌，在 150 天里便烟消云散了。他们的认知能力，可以说是当时投资界的天花板，前面几年的成功也证明了这一点。但看似匹配的认知，一旦遇到小概率事件，不可测的问题就到来了。

游刃有余，关键在于这个"余"字。让自己的认知与自己的投资之间，留有余地，这对于投资者来说，是至关重要的。**投资，仅有认知是不够的，收益实质上是认知溢价的变现，溢价越大，投资的确定性就越强。**有些人亏钱，可以找出很多种原因，但总有一个因素是绕不开的，那就是给自己设定的收益目标太高。收益总是和风险成正比的，过高的收益目标会让投资者不得不选择风险更高的股票，或者是采用风险更高的交易模式。

价值投资的核心理念是"不懂不做"，这个"懂"字，体现的就是认知溢价。投资者能做的事，和投资者能做好的事，并不是一回事。提升自己的认知并不容易，这是加法。但提升自己的认知溢价，对于我们来说，有时候并不是那么难，这可以做减法。

在提升自己投资溢价的同时，不断提升自己的认知，这是提升自己变现能力最好的方式。问题是：你愿意做更简单的事吗？这并不容易。

第三节　真买一家企业，你买的是什么

买股票就是买企业，这是大家都非常熟悉的巴菲特的名言。那么买企业买的是什么呢？我说的是在现实中真去买一家企业，而不是买了一些股票，就觉得这家企业是自己的了。两者的区别在于，前者需要对这家企业的方方面面都做非常深入的了解，要考虑很多问题。譬如，产品的长期市场前景，竞品有没有可能威胁到自己，行业政策、技术迭代、债务风险等。有时候我们还要考虑合作的人是不是专业，有没有诚信。由于实体企业缺少流动性，每个人在买入前都必须考虑得更长久，他们的身后就是悬崖，除了把企业经营好，没有别的选择。而后者则不然，大多数时候，大多数人看到的只是这家企业过往的股价涨得不错，利润增速可观，当前估值看起来处于历史平均水准之下。即便有机会到上市公司去调研，大家看到和蔼可亲的董事长，看到优雅的办公环境和看起来很先进的生产线，也就心满意足了。

但在某一天的某份年报中，投资者突然发现这家企业做了大量的资产减值，然后股价飞流直下。这个时候，投资者才发现原来自己并不了解这家企业。所谓的深入研究和实地考察等，实际上都是用来骗自己的。之所以放心大胆地买入，真正的原因是股票的流动性好，觉得自己一旦判断错误，可以随时逃离。但有时

候，股价出现连续跌停不给离场的机会，或者投资者希望能有个反弹再抛，尽量降低损失，总之是没有像设想的那样及时卖出。在股价继续大跌之后，投资者便卧倒在地，做起了"价值投资"，股价跌得越多，他们对"价值投资"就越信奉。绝大部分人持有时间最长的股票，都仅仅是因为被套牢了。这个时候，大家对企业的理解反而会越来越深入，越来越透彻。

我以前从事地产行业的时候，主业是销售房屋，但期间也参与过对不少企业的收购。地产行业里的企业收购，实质上就是买地，毕竟房企是管理导向的企业，除了总部大部分都是轻资产，买企业买的就是它手里的地。这种收购并不容易，我参与过数以百计的合作沟通，但最终成功的只有几家。究其原因，房企买地不像别的行业，一块地投资巨大，买入后就要现金回流，如果期间手续上或者是地块上有问题，项目真砸在手里，那奋斗了几十年可能立马就会返贫。

我曾经帮一位老板看过一块地，当时还是一个学校，等着拆迁。这位老板已经年近花甲，刚刚做了一个不错的项目，赚了一大笔钱，准备把这个学校拆迁项目当成自己的收山之作。这块地确实是不错的，周边购买力旺盛，但供应有限。双方谈判也非常顺利，很快就达成了意向。但过了好几年，这块地也没有启动。我从一个朋友那里听说，原来的出让方，也就是那个学校的校长在合作中隐瞒了一些手续上的问题，导致这个项目被查封了，不能如期开工。这位老板的全部身家都押在这个项目上，很多年都没有个明确的结果，想想他如今已过古稀之年了。其实，如果当初这位老板再耐心一点，等到校长把所有的手续都办完再注资，就不会出现后面的困局。但当时地产市场火爆，他只想着尽快开工，准备一边审批一边施工，结果吃了个大亏。

我说这个真实的例子，是想提醒一下股市新人，买股票是很容易的，但买一家企业就太难了。我们做投资，能不能踏准行情有时候不是那么重要，总担心错过热点更没有必要，不买错企业才是好投资的根本条件。**买一家企业，有时候需要想象自己是站在悬崖边上，错一步就会粉身碎骨**。交易只是一瞬间，但为了这一瞬间，所付出的努力需要经年累月。你真买一家企业的时候，在之前付出得多，交易就会很简单；在之前付出得少，交易之后需要做的事就会多很多。

第四节　需要股权思维，但别刻舟求剑

一、股权思维与刻舟求剑

买股票就是买企业，这种股权思维是价值投资的核心所在，但在实际应用中，却是很难做到的。最难的一点，不是理解不了股权思维的概念，而是无法在企业的经营波动中，真正理解它的发展和未来。如果在最困难的时候，如 2000 年投资者持有的是苹果，沉寂几年之后会迎来一个暴赚几百倍的超级牛股。但在当年，如果投资者持有的是摩托罗拉呢？20 多年过去，仍然是大亏。要知道 2000 年的时候，摩托罗拉正如日中天，远不是苹果当时所能媲美的，但两者现在的市值已经相差几十倍了。

在 A 股也是如此，市场不好的时候，经常有些白马股的股价跌到了 5 年前，甚至有些企业的股价跌到了 15 年前，如果过去 5 年或者 15 年中，投资者一直持有这些股票，算不算股权思维呢？

按照股权思维的定义，这是算的，但这是一种成功吗？和"买股票就是买企业"同样著名的，还有巴菲特的 20 个孔理论（见前文）。很多人都在纠结这 20 个孔，把 20 看成了一个限度。实际上巴菲特真正的用意并不是"20 个"，而在于"在这个规则下，你会认真思考自己所做的事情，你会被迫去做自己真正想做的事情。所以你会做得更好"。他教给我们的是慎重思考，严谨求证，而不是从一而终。

穿越牛熊对于绝大多数人来说，都是极其艰难的。你愿意陪着企业熬下去，但你真的知道这是一家什么样的企业吗？你对于它过去的经营数据如数家珍，但对于企业现在的变化能够理解多少，对于企业未来的经营能够预见多少？你知道大股东在想什么吗？你知道行业监管部门正在做什么吗？很多企业倒闭，真的只是经营不善吗？巴菲特的这些观点当然没有问题，有问题的是投资者，在背诵各种语录的同时，先要问一下自己："我有能力配得上这个理论吗？"股权思维是价值投资的根本逻辑，但投资者必须得先懂什么是股权。拥有资产的同时就拥有了负债，拥有股权的时候，你就必须要承担相应的风险。

股权思维当然是对的，前提是你得真正看懂这家企业的未来，而不是它的过去。很多人总喜欢用各种数据反复分析，包括那些大名鼎鼎的研究机构和分析师，这些数据都是历史的产物，只能代表企业的昨天。企业的价值从来都是存在于未来，而不是过去多少年赚过多少钱。作为投资者，我们要算的账，不是过去的数字，而是企业未来可能会产生的数字。

对于未来，首要问题是产品，以及产品背后被影响的消费人群。我经常建议新人去看菲利普·科特勒的《市场营销原理》⊖，把这本书当成和《聪明的投资者》一样重要的基础知识体系。投资的价值在市场上，而不在数据和指标上。产品才是真正的道，失去这个依托，所有的数据都会变成陷阱。背道而驰的结果，就是南辕北辙，可能一个人越努力，输得就越惨。

我们判断是否持有一只股票的时候，先忘掉它过去所有的辉煌，忘掉这只股票曾经带给你的欢乐，把它当成一个全新标的。收起自己的感情，认认真真研究一下继续持有的理由，研究一下它未来能够赚多少钱，凭什么赚这么多钱，这也是持有是否等于买入的一种思维变体吧。

我在做投资的时候，都会设置基本面止损点，这和股权思维并不矛盾。在基本面止损点没到之前，企业是我看得懂的，到了基本面止损点之后，企业的发展就超出我的理解能力了，这时候放弃股权，也是股权思维的一部分。用理论做模子，来给投资者加烙印，这是没有意义的。个人投资者是这个市场上的最小存在单位，连消失都不会激起一点浪花。老老实实活着吧，守住你看得懂的价值，这才是价值投资。

二、投资中，我最害怕的事

做股票投资九死一生，做职业投资则更加凶险。从开始的那一天起，我就已经断了自己所有的后路，失败就意味着失去一切。曾几何时，我也想过用股票证明些什么，我在网上也发过收益，

⊖ 最新的原书第 5 版于 2025 年 2 月由机械工业出版社引进出版，并更名为《营销的原则》。

也晒过买单，也曾嘲笑过某些基金经理业绩差，后来却发现这些都毫无意义。我原本就不准备卖产品，自己的钱足够用，何必还要去服务一群水平参差不齐的客户，提高一点收益率就什么都有了。我已年近半百，在 20 多年的职场生涯中，各种名利、各种场合、各色人等，我见得太多了。什么是价值？不仅仅在股票上，也在生活里。虚名无益，知道自己最应该做好的是什么，就可以了。

我是从 2008 年通过做黄金交易开始投资生涯的，2009 年开户进入股市，之后便经历长达五年的熊市。有人问我：你为什么心态这么好？你在接近 2000 天的时间里，被暴跌、阴跌、横盘反反复复地打击，即便涨了也是为了让你摔得更狠，你的心态也会很好！幸好当时我还有点自知之明，投入的资金很少。可伤害性不大，侮辱性极强，即便 2014 年第四季度，我连本带利全赚了回来，那五年的蹉跎岁月我仍然是忘不了的。

我说过，我的投资体系是为了下跌而设计的，这不是主动的，完全是被逼出来的。但在 2014 年之后，这种体系让我受益匪浅，我逐步形成了自己相对完善的投资思维。2015 年下半年的大跌行情，2016 年的熔断，2018 年的持续下跌，2020 年 3 月的暴跌，都让我受益良多。做职业投资，最可怕的不是暴跌。计算一个人的收益时，用的是复合年化收益率，这里面最重要的是"年化"两个字。如果你买入的是经得起时间考验的好企业，下跌是你最好的朋友，越大的跌幅带给你的额外收益就越多，这也是价值投资的基本概念。

举个沪深 300 指数的例子，经济繁荣时恐怕没有谁认为沪深 300 指数会长期下跌吧？如果没有市场的负面情绪，沪深 300 指数始终保持着 10% 的增速，那么七年之后我们会取得一倍的收益。而一旦在这七年时间里出现了种种波动，如 2018 年那样高达 25% 的回调，如果你有足够的资金，那就可以把这 25% 变成上天赐予你的礼物。如果你买入的是好企业，就不要怕下跌。至于好企业的概念，每个人都有不同的理解。我更喜欢那些经过长期市场检验，产品至今拥有足够竞争力的企业，它们大部分被称为白马股。不是说新锐企业不好，但个人能力的局限在这里，能找到几只白马股就很好了。

2021 年之后的几年，老白马股的情况确实不太好，过去 10 年中叱咤一时的标志性白马股普遍遭遇了大跌，这其中有杀估值的，有杀业绩的，也有遇到行业周期流年不利的。再套用一遍巴菲特的话，"如果你不愿意持有 10 年，就不要持有 10 分钟"，如果我相信这家企业 10 年之后还会稳定实现盈利，那么当下的困境又算得了什么呢？控制好仓位，它跌多少就是送给我多少的额外收益。

以前我非常在意收益率能不能跑赢大盘，甚至希望每一年都能表现不错，也暗自和某只基金比较过，后来发现做这种事是有些可笑的。比来比去除了带乱自己的节奏，没有其他价值。很多人看到股价大跌，就高喊暴雷了。我只关心一件事，就是这家企业是不是还能长期、稳定地赚钱，企业的经营没有出问题，股价的雷就是投资者的大机会。在众人怜悯的眼神里，我默默地收集着廉价股票，有时候真的是心忧炭贱愿天寒，总希望它能多跌一点。基本面扎实的时候，价格越跌股票就会越好，我真正害怕的只有一件事，就是在我买够之前，股票涨了。

第五节 研究自己，投资自己

一、个人投资者研究自己比研究市场更有价值

股市本来就是大多数人可以轻松进来，但只有极少数人能够生存下去的地方。股民们亏钱的最大原因，是自己的能力配不上自己的欲望。如果守住自己的能力圈，靠能力的提升来进行投资，而不是靠欲望去追逐那些所谓的热点，大部分人在股市里赚钱确实不难，可真正能做到这一点的人并不多。

种庄稼要考虑何时播种，何时施肥，何时灌溉，然后耐心等待它一点点成熟。可来到股市这个聪明人聚集的地方，太多人却把别人当成傻瓜，总以为自己找到了快速发财的秘诀，寄希望于一夜暴富，拔苗助长的事情自然也就多了，最终自己变成了傻瓜。得到什么，就需要付出什么，超越常识的东西，早晚都会还给常识。当然，就算知道这个道理，也没几个人不愿意赚快钱。股市里最难的不是选股和持仓，而是克服自己的人性。譬如，有些大蓝筹很少有人怀疑它们的长期成长性好，但总有人觉得这些股票涨得太慢。

事实上，即便是如建设银行这种大象，长期来看能追上它的投资者，应该也不超过5%。但10年前持有建设银行，到现在的收益完全可以达到股票型基金的平均水平，可大家宁可掏管理费去买基金，这就是人性。每个人都要经历不同的心劫，这是不断突破自己、不断上升的必要阶梯。允许企业缓慢发展，对于大多数企业来说是件好事。允许自己慢慢变富，对于大多数投资者来

说是唯一的生存之道。

　　个人投资者很难真正研究透彻一家企业，很多时候赚到了钱，但隔两年再看，却发现只不过是赶上了好时机。个人投资和机构投资根本就是两回事，我们在市场上看到的经典著作，绝大部分都是机构投资者的思维。机构投资者是研究市场的，个人投资者研究自己比研究市场更有价值。从个人角度来说，"邯郸学步"还不如"彳亍独行"。我们企业研究得再深，没有投资体系，仍然是看天吃饭。构建自己专属的投资体系，才能坦然面对牛熊，这就是个人投资者的股市生存之道。坦白地说，我见过很多经验丰富的老股民甚至大 V，有一些据说收益很好，但根本没有自己的投资体系，多年收益毁于一旦的情况屡有发生。

　　价值投资归根结底是价值观的投资，每个人都有自己的价值观，体系往往都是依托价值观而设立的，并无高下，适合自己就好。很多东西是否适合，比是否正确更加重要。对于个人投资者来说，把自己的优势体现出来，哪怕有些方法看起来很笨拙，但一样可以是我们生存的基本技能。投资体系不是一日就构建完成的，就像盖房子，先有坚实的基础（投资价值观），然后搭建框架（对资金压力的正确认识），再逐步丰满骨肉（各种知识和方法）。小孩子学语文的时候，很多都是从囫囵吞枣开始的，经常有口无心。但这是一种熏陶，一种潜移默化的影响，时日长久，价值自然会体现出来。在正确的路上，每天前行一点，若干年后开始有了自己的投资框架，再逐步丰满，这是一条慢而坚实的路。赚钱从来不怕晚，给自己设定一个三年计划，每三年能上一个大台阶，就已经是很大的成功了。

那些天天赚我们钱的企业，很多都是能帮我们赚钱的好企业。市场上从来不缺好股票，缺的是自己能拿得住的好股票。用芒格的话来表述，就是"如果你想拥有一件东西，就先让自己配得上它"。赚钱从来都是结果，而不是目的。很多人专注赚钱，我只专注于提升自己。融会贯通，向一切学习，然后忘记一切，让所有养分都融入自己的血液中，这就是生存之道。

二、投资别人之前，先投资自己

在这个市场上，总有很多人给你念鸡汤，不断用各种大师名言慰藉你在下跌中忐忑不安的心灵。你会把他们当成导师，当成风雨飘摇中的那个灯塔，但也许对你伤害最深的，就是这些看起来伟大而又值得反复研读的经典。经典本身当然是伟大的，但你是不是配得上它的人呢？有件事情你一定要搞清楚，那些每天跟我们讲价值投资的人，可能一直都在追涨杀跌。毕竟那些反复给你念经的人，他们管的不是自己的钱，有的时候他们也决定不了这些钱的用法。

他们职业技能的一部分，就是让投资人不要把钱拿走。他们告诉你要坚持长期主义，要穿越牛熊，拿住好企业永远不要慌。问题是你拿的是好企业吗？你对自己持仓的企业真正的理解有多少呢？一个残酷的事实是——大部分人都是不适合做投资的，不要以为你买了基金就可以规避这一点，本质上基金和股票是一个性质，而且还要多冒一层道德风险。有人会给你展示他们过去 5年、10 年的业绩，但这只是他最好的产品，你知不知道他们不好的产品有多不好，他们过去 10 年清盘了多少只基金？

很多人在股市里摸爬滚打了 5 年、10 年，最终的收获是明白了自己根本不适合做投资。这也是收获，而且这会是大部分投资者必然的结果。股市是战场，古来征战几人回？要想在这个九死一生的地方活下来，你需要的是年复一年、日复一日的学习和反思，学会那些基本技能之后，还要明白哪些管理层是骗子，哪些伟大的思想对你来说是要命的。在认清这个世界之前，你首先需要的是认清自己，而这方面，没有人有现成的经验让你套用，都是流着汗流着血烧着钱一点点攒下来的。

很多人的失败，不是看错了市场、看错了股票，而是高估了自己的短处、低估了自己的压力。把你的能力圈缩小到自己的短处足以防御的范围，把你的投资安放在自己的承压足以支撑的地方，不要遵循任何人的指使，严格按照自己的认知行事。这期间你会面临种种诱惑，比唐僧历经的 81 难还要多，也许你会少赚很多钱，但这至少能让你活下去。等你真正在这个市场上生存了 10 年以上，尤其是在市场的第一线重仓生存 10 年以上，你才会明白什么是牛熊，什么是长期主义，什么叫作信仰。

这期间，你会看见一批批活得精彩死得很惨的"股神"，看见一批批暴涨十倍然后狂跌数年最后退市的牛股，你会看到无数炫耀自己何等有远见如何赚钱的帖子，也会看到无数不断反思不断忏悔的血泪文章。然后，午夜梦回，你发现心底深处有一个不变的东西，让你温暖，让你欣慰，让你有不多但又足够的安全感，这就是你最好的投资。到此，还不意味着你已经神功大成，这只是一个开端，很多时候守业比创业更难。那个不变的东西，可能还需要你 10 年、20 年地呵护，甚至一生一世。这种投资，你愿做吗？

第六节 失败的投资，源于目标太高

我们进的是同一个股市，却在面临不同的人生。入市时候的初心，就已经决定了大多数人的投资结果。很多人是因为工作不如意，才投身股市的，希望在这里赚到工作上赚不到的钱。这个逻辑本身就很矛盾，你连你身边的同事都超不过，怎么去跑赢这个世界上最优秀的一群人？大部分人的投资体系，只有两个字——运气，因为别无可恃。工作能力推导不出投资能力，但投资能力需要工作能力。工作能力强，投资未必会好；工作能力差，投资能力往往也很难优秀。当然凡事总有例外，但大部分优秀的投资人，其原有的工作成绩也是很出众的。大家看看网络上自己所尊重的大V们，他们在原有或现在的工作环境里，大多数也是佼佼者。

一个人出了学校的大门，在刚开始工作的时候，不顺利是很正常的，都需要一个适应的过程。但要是工作了10年之后，还是找不到自己的坐标，就没法怨天尤人了。从某种程度上来说，其内在的知识积累和思维体系决定了他的工作能力。而这些能力，对投资的影响也是很大的。

对于投资新人，我的建议是：**具备了足够的能力再投入重金，千万不要心急**。在所说的"能力"中，原有的工作能力是一个很重要的指标，此项指标不好，就需要其他指标非常优秀才行，这个概率会更低。我做投资的前六年，只投入了几个星期的工资，所以即使亏损的比例不小，但绝对金额并不大。交学费的时候好

好交，赚钱的时候才能赚到。一个人可以不理解市场，但一定要知道自己的斤两。

股市本来就是九死一生的地方，在这里少想赚多少钱，多想想自己凭什么能赚到钱。绝大部分投资者都是个人身份，面对的是那些人力、物力、财力都远超于己的机构，总想虎口夺食，这是大部分人的亏损之源。老老实实赚那些机构们不想赚或者赚不到的钱，虽然看起来笨，但踏实。当然，机构也不是样样都强，即便有着良好的环境熏陶和资金支持，也常常出现很多昏招。企业是有生命的，有血有肉。但现在的分析师，基本上都是出了学校门就开始用模型和数据来看问题，普遍没有实业经验。有些对行业和企业的认识，难免会流于表面。

而对行业或企业的深入认识，却正是很多业余投资者的优势所在。也许有的人投资经验尚有不足，对很多投资理论和数据模型并不熟悉，但经过长期的工作沉浸，在对相关专业的理解上，有些投资者是完全可以超过一些行业研究员的。而且身处市场前沿，资讯方面也并不处于劣势。所以就自身从业的领域而言，工作能力与投资能力的联系就紧密很多了，这也是普通个人投资者的特有优势，算是一种护城河吧。投资有各种各样的模式，充分发挥自己的优势，不设过高的预期目标，在认知上找到基点并努力扩大能力圈，散户一样可以在残酷的市场上占有一席之地，这是投资中经常能看到的场景，值得借鉴。

我做投资17年了，我发现大部分失败的投资，都源于给自己设定的目标太高。设定了过高的目标，就会不断地去想赚有风险的钱，习惯了风险，就会被风险吞噬。大部分拿不住贵州茅台的人，实际上是忍受不了茅台的平庸。听起来很奇怪吧，股票就是这么有趣，你越想要越得不到，不想要太多反而会得到更多。

理解一只股票不容易，更难的是理解自己。买一只好股票不容易，更难的是不被市场干扰。后其身而身先，慢一点、笨一点、简单一点。投资原本没有那么难，如果感到辛苦，往往是自己要的太多了。

职业投资的思考

第 十 章

第一节 职业投资首先是一份工作

一、热爱工作，是职业投资的必要条件

职业投资，是指完全依靠自己的本金在市场上赚取收益，并以此作为自己家庭最主要的收入来源。有足够的其他收入维持生活需要，投资的金额再大，投资也不是他的职业；基金从业者，并不是靠自己的本金赚钱，也不在论述范围之内。

我是一名职业投资人，职业投资的"职业"二字，不是说我的能力一定比其他人高明多少，而是说我是吃投资这碗饭的，投资是我赖以生存的工作。年轻时用时间换钱，年长了就得用钱换时间，感谢世界上还有职业投资这份工作，可以让我兼顾两者。说自己在做职业投资，就跟大家介绍自己是一个医生、一个教师、一个工程师没有什么区别，仅仅是个职业而已，而不是在告诉别人"我很职业"。

玩票的人可以爆仓，可以离开市场，而对于职业投资人来说，投资就是自己的饭碗，吃得不好没关系，但如果饭碗被砸了，那就没饭吃了。活得久比曾经活得好重要得多，因为人需要一直吃饭，偶然吃过的佛跳墙，都安慰不了连续饿上几天的肚子。

有很多人问过我，他是否适合做一个职业投资人。作为围城内的人，我奉劝那些还在围城外的投资者，如果你是因为现在的路不好走，才想起做职业投资的，那这条路走起来，可能会比你原来的路更加艰难。很多人都是嫌现在的工作赚钱慢，才来到股市的，其实这里赚钱更慢，因为大部分人都在赔钱。比起拔苗助

长，春种秋收是慢的；比起一夜暴富，苦心孤诣是慢的。这个世界上的绝大多数胜利者都是慢慢成功的。问问自己是不是天生就有富贵命，如果是，你应该早已经不再担心钱的问题了；如果不是，那就认认真真弯下腰耕耘吧，这是最快的成长路径。

在绝大多数行业中，做到前10%就可以过得不错了。而在职业投资中，做到全市场的前1%也不过是刚及格。如果没有足够的热爱，只是想赚钱，那做职业投资真的是一件得不偿失的事。如果用数据来做一个标尺，那就是"每天工作12个小时，仍然甘之如饴"。每个人追求的东西不一样，有人工作是为了赚钱，我赚钱是为了工作，而工作除了养家糊口，还可以有利润之上的追求，那就是时刻都跟自己的热爱在一起。和做任何职业一样，职业投资人需要大量地学习，不断地迭代知识体系，不断地承受市场的起起落落。我所认识的优秀职业投资人，大都是原有工作中的成功者，刻苦、自律、好学，是他们共同的品质。身无长技，走投无路才来炒股的人，绝大多数也很难在这个职业上长期生存下去。

真正的职业投资人，交易的时间并不多，但学习是时时刻刻都要做的，必须始终保持饥渴状态，对于知识永不满足。他们能够在较短的时间内把握事物的本质，也能够为了一个完整的计划，而承受日积月累的研究和跟踪。善攻者动于九天之上，必然来自于善守者藏于九地之下，收益不是数量的累积，而是质量的爆发。不必追求时时刻刻都在赚钱，但一定要时时刻刻都拥有好股票。

很多人羡慕职业投资者的时间自由，以为职业投资就是买好股票，然后每天喝茶聊天。但我真没有这种感觉。相反，我每天都感觉时间不够用，每天都发现不懂的东西太多。投资的经验越丰富就越发现自己的渺小，每日战战兢兢，如履薄冰。对于我来说，利润之上的追求才是更重要的，我赚钱的最大动力是可以更好地工作。世界上没有什么事比投资更让人开心了，更何况还可以在开心的同时赚钱养家和自我磨砺。

二、个人投资者的独有优势

职业投资人首先是个人投资者，和机构投资者是有很大区别的，和业余玩家的操作也有着天壤之别。我从彼得·林奇身上学到很多，受他的影响非常大。据说彼得·林奇退休之后，自己的账户收益比做基金经理时还要高不少。有一些网络大 V 出身的基金经理，即便现在的业绩在私募中算得上顶级，但比起他们做散户时也会大打折扣。散户有自己的优势，关键是要有自知之明。很多个人投资者，都是靠"屁股神功"赚大钱的，下跌 20% 敢于加仓，下跌 30% 敢于重仓，后面恢复正常股价的时候就是大赚了。而大多数基金正相反，即便不设清仓线，下跌 20% 可能就会跑掉一大半的投资者，下跌 30% 基金就要被清盘了。基金要想保证规模，就不得不迁就投资人的意见，很多时候都是木桶原理起作用，最终大大影响自己的收益率。

该拿盆接金子的时候，往往都是客户跑得最快的节点，而该高位套现的时候，客户的钱又不能不接。对个人投资者来说，具备投资能力就可以了，而对于基金来说，除此之外，开发客户和维系客户的能力都非常重要，有的时候甚至比投资能力还要重要。基金收益率和个人收益率的内涵有很大的区别，水平再高的基金经理，发产品后能发挥出一半功力就算不错了。看基金的业绩，一方面要看年化收益，另一方面也要看收益曲线的平滑。暴涨暴跌的基金，规模很难做大的。曲线的背后，是投机与投资的博弈。

三、职业投资的基础条件

做职业投资，不是为了实现财务自由的，建议大家在财务自由之后，再考虑做职业投资人。在其他行业失败后，还可以考虑转行，而职业投资人失败了，就没几条路可走了。做职业投资，只能是有钱到更有钱的过程，白手起家就等于把这里当成赌场了，这样的人不是职业投资者，而是职业赌徒。最好能做到用股息覆盖自己的家庭开支，否则就有可能因为投资以外的事情，影响自己的节奏。而且这个股息的要求是动态的，很多人刚开始做职业投资的时候，会守住股息率原则，但当市场上一些高弹性、高估值的股票走势好的时候，投资者调仓换股后买入了，整个持仓的股息率就可能会大幅下降。在这种状态下，一旦遭遇大的市场波动，股票长期被套，后面遇到大额开支的时候就会很被动。

足够的资金，可以提升你的容错率，玩游戏时，多一条命意味着什么，大家都清楚。没有足够的资金作为后盾，很多时候操作会变形。就像一尺宽的路面，每个人都可以轻松走过，而十米高空上的独木桥，腿不抖的人就不多了。很多人以为自己在控制资金，实际上一直都是在被资金控制。我开始做投资的前七年，一直都在严格控制投入的资金量，大部分时间里股市中只有一个月工资在里面。直到某一天，我感觉自己对市场有了更加清晰的认识，才开始不断加仓，直至投入自己的全部可投资资产。在职业投资中，对资金的掌控能力是职业投资人的核心能力之一。

要成为一名职业投资人，除了需要足够的本金之外（以股息可以覆盖家庭支出为标准），至少应该有五年以上的稳定盈利经历，完整穿越过至少一轮牛熊（按照 A 股近几年的节奏，五年里差不多可以经历两轮牛熊了）。这样才能明白哪些钱是靠自己赚的，哪些钱是靠运气来的，哪些钱能留得住，而哪些钱终究还是要还给市场的。

四、风险永远是首要考量因素

普通投资者把赚钱放在第一位，而职业投资人却始终会把风控放到首位，因为这是他的最后一份职业。大家到股市是来赚钱的，职业投资人到股市是来吃饭的，目标不同，操作模式也不会相同。

充分市场化的地方，收益放大就意味着风险放大。那些在股市中只有几万元或者几十万元资金的投资者，才会整天喊着满仓满融。资金量增长到一定程度后，降低对收益率的预期，正是投资者职业性的体现。我现在的资金量是几年前的数倍，但预期收益率只有当时的几分之一。小资金更关心年化收益，而资金越大需要的越是确定性，越会看重绝对收益。脱离资金量谈收益，那只是空中楼阁。总有人喜欢炫耀自己的收益率，甚至已经不把伯克希尔·哈撒韦放在眼里了。大家进的是同一个股市，却在经历不同的人生。每个人为自己的人生负责就好，活在别人的人生里，是件很危险的事。

心急的人不是少数，否则股市不会这么多年了，还是七亏二平一赚。做投资要知道市场是什么，要知道自己能做什么，更要知道时间是什么。有些布局是经年累月的，这是必须要做的流程。

股票涨多少和投资者赚多少不是一回事。天天有涨停的股票，但年化收益率超过20%的投资者就已经非常优秀了。对于一个严肃的投资者来说，别人的眼光毫无意义，自己是否满意，是否能安全顺利地执行自己的计划，才是最重要的。

和普通玩家不一样的是，职业投资人不该把收益率放在第一位，首要问题是先有明确而又层次分明的投资目标。一个大目标是由多个阶段性小目标来构成的。最后的收益率只是个结果，阶段性目标的不断实现，才是考验投资人的关键指标。职业投资人的收益率未必是最高的，但完成度要足够高。在投资中，有的时候是必须要赚钱的，但有的时候赚钱并不重要，重要的是买入了多少低价好股票。赚股很多时候要比赚钱更重要，明白了这一点，才能在别人恐惧的时候更加贪婪。

五、投资是修心的过程

有些东西的价值，是在没有它的时候体现出来的，健康就是这样。职场的压力，大部分是自外而内的；职业投资的压力，大部分则是自内而外的。做哪一行身体都是本钱，而做职业投资，总是要面临一些巨大的心理考验，健康而又平稳的心态，也是本钱。身上的病，往往都和心有关，心上的病往往都源于错误地认识了自己。

投资人首先是人，首要理解的也是人，尤其是自己。有人才有产品，有产品才有企业，有企业才有市场，有市场才有投资。开放自己的心胸，诚于人、诚于己、诚于事，以其不争故天下莫能与之争。投资是直指人心的，也可以说心性的打磨是投资的必经过程。对于真正的职业投资人来说，钱只是个数字，盈亏也只是交易的结果，不能用感情来代替理智。该贪婪的时候不能恐惧，该恐惧的时候不能贪婪。你默默买入的时候，得习惯别人的嘲笑；

你卖出之后，也得习惯股价的大涨。

有的放矢，我们做投资首先要明确的是自己为什么要来股市。落实到收益上，就是到确定的某个时间点，你能赚到自己预期的钱，这才是最重要的。期间的涨涨跌跌，对你来说并没有那么重要。如果能按照自己设定的配速跑过马拉松终点线，你就是一名成功的跑者，中间谁超过了你，毫无意义。

证悟总比开悟难，上面的道理可能大家都容易理解，但真正面对自己心性的时候，能做到的人真不多。

六、理解企业才是股票最大的确定性

很多事从下往上看是两回事，从上往下看却是一盘棋。我们能看到的，大资金都了如指掌，你不肯吃点亏就不会有便宜占。理想在没变成现实之前都是可能性，而投资做的是确定性，为了确定性，有时候需要牺牲一定的可能性。**我选的股从来不会是涨得最快、最猛的那种，确定性才是关键**。职业投资人不是来赚个红包就走的，能长期赚下去才是最重要的。我已经无法做到拥有和巴菲特一样长的职业生涯，只希望到巴菲特现在的年龄，自己还能继续这份职业。

买股票就是买企业，这句话大家都熟悉。但99%的人买股票的时候，都只是按照股票的逻辑在做选择。不从企业经营角度着手，用再好的方法论也看不清自己选择的股票。炒股的人，不仅仅是指那些被股价牵着走的人，也包括那些每天从数字到数字，却对企业经营本身知之甚少的所谓价值投资者。不懂经营，就只能把命运交给别人。不了解企业只会看着报表买入，也无异于火中取栗。

蓄力才能跳得更高，好企业看的是经营节奏，短期起落并不重要。我们用做实业的心态投资，很多事就简单多了。买入中国最优秀的企业，等待它们变成世界上最优秀的企业。我们有幸生在可以与巴菲特时代相媲美的中国，这个起跑线比格林厄姆还要好，这是我们最大的幸运，需好好珍惜。

七、守住自己的能力圈，就是守住了聚宝盆

对人的理解，是理解一切生意的根本。每个人都有自己的朋友圈，真正理解了朋友圈，也就形成了能力圈。很多人理解不了贵州茅台，理解不了房地产，也有很多人理解不了片仔癀和泡泡玛特，这都和朋友圈有直接关系。一个人的朋友圈如何，关键在于他是个什么样的人。想要有一个强大的朋友圈，那就努力让自己的心先变得强大，世界自然会有相应回报，先前那些强求而不得的东西，早晚都会属于你。

我的能力圈的外扩，是从自己的原有知识体系中能充分理解的地方，延伸到其他领域同样逻辑的部分，再与行业、企业的常识和特性相结合的。外扩能力圈的目的，主要是规避行业周期，这是同心圆能力圈的主要隐患。形成互补之后，重点还是要挖掘能力圈的深度。报表、研报等都是工具，重要的是对这个生意模式有着最底层的理解。

有人喜欢谈自己的"弱者体系"，很多人都觉得这是一种低调，实际上在草原中做一只兔子，比做一只狮子要警惕的东西更多。经验丰富的人才适合做"弱者体系"，绝大多数散户还应在自己的能力圈内，做相对的强者更好一些。最可怕的是，很多人以"弱者"自居，做的却都是"强者"的事。从来没有一个放之

四海而皆准的投资模式，不同的知识背景和从业经历，不同的性格和价值观，决定了每个人都有一个自己最擅长的操作模式，这就是他最好的模式。

越职业，越知道自己的不足。不是靠投资吃饭的人，最好还是守住自己的能力圈，不轻易越雷池一步比较好。即便是吃这碗饭的人，也只是建立能力圈的能力更强，不意味着可以无视能力圈的存在。

八、投资需要和光同尘

一名合格的职业投资者，至少应该有两到三个能够深入理解的行业，以及几只研究超过五年的股票。市场变化无常，热点总是换来换去，很多投资者一年就可以交易几十只股票。但在非常时刻，只有你足够放心的企业，才能帮你渡过最难一关。

在过去的几次熊市中，在宏观环境复杂、行业低迷、股价持续大跌的时候，总有几只我信任的股票，让我忘记恐惧越跌越买。因为我相信这些企业的管理者比我优秀得多，这些企业的创收能力也比我强大很多倍，与其持有现金，不如把钱交给他们，让他们帮我赚钱。结果是，每一次他们都没让我失望。但即便这样，也不是说这些企业就是完美的。每个企业、每个行业都有问题，这往往是行业属性所决定的。投资者如果有过度的洁癖，干脆就不要入股市。要知道有些病只能跟身体合为一体，带病生存是最好的选择。而如果有过度的洁癖，很多时候病治好了，人也没了。

在这个市场上生存甚至以此为生的人，有时候不可以放纵自己的喜好，每种色彩都有其价值，看你怎么配色；除了那些弄虚作假的企业，每家企业都有它的特点，就看你怎么投资。譬如白酒行业，从 20 多年前开始，就有很多人看空。理由包括白酒不利于健康、高端白酒价格太贵了、白酒股的估值太高等。股价上涨的时候负面声音少一些，一旦遇到熊市，在各大白马股都在下跌的时候，就会有人站出来说白酒股再也回不去了，说白酒以后没人喝，白酒会被某某取代等。但即便这样的声音周而复始，隔一段时间总会出现，而且其中确实也有一些是白酒产品本身存在的问题，但一样更改不了大部分白酒上市公司在过去 20 多年的时间里，股价上涨了几十倍的事实。

其实看看那些长期涨势良好的大牛股，那个是十全十美的呢？银行、汽车、电子、煤炭，哪个板块没有行业问题？哪个行业没遭遇过股价大幅下跌？这就像很多人说的，常饮白酒对健康是不利的。一方面，我们要看量，适量的药能治病，过量的药会致病，脱离量来谈伤害，这很不严谨；另一方面，我们也不可忽视人的精神需求，有些东西对身体有负面影响，但对心理有正面促进，是利是弊，还需要综合考量。

股价上涨是因为买入的人愿意比卖出的人给出更高的交易价格，是看多大于看空的结果，绝不是没有看空的全都是看多的。一家再优秀的企业，也只是优势大于劣势，毫无问题的企业永远都不会存在。一个投资者，如果真的找到了他所谓的完美股票，那只能够说明他对这家企业的理解还不够深入，找不到问题，或者说对于存在的问题视而不见。找不到问题是能力问题，对问题视而不见，则表明投资者过于主观，对于投资来说，这是非常危险的事。

第二节　投资的世界，体系大过天

我们进入的是同一个股市，却在经历不同的人生。每一个投资者都想在这里带走些什么，大多数人却只能把自己的东西留下来。

很多时候，投资的成败并不完全是由投资者掌握的知识来决定的，更是价值观在主导。在股市中，有些人希望按天结账，所以只能快进快出；有些人希望按月结账，持股就会稳定很多。以天为单位结账的，对手是游资；以月为单位结账的，对手是基金。对于散户来说，这都是强大到让自己不堪一击的对手。

个人投资者的最大优势是时间。离钱越近的地方，是非越多。与市场保持距离，与时间保持距离，对手就会越来越少。胜己者强，能够掌控自己也并不是一件容易的事，可一旦做到了，收益自然不会少。

股市如战场，"七亏二平一赚"就意味九死一生的概率，要在这里长期生存下去，我们仅凭片面认识和好运气是远远不够的，这需要知识储备、学习能力、情绪控制和投资哲学的高度结合，并在此基础上构建出一个完整的个人投资体系才行。我们经常会判断错误，投资体系就是让自己在判断错误的时候，还能全身而退的东西；我们经常会在贪婪的时候更加贪婪，恐惧的时候更加恐惧，投资体系就是让自己远离贪婪和恐惧，专注市场和企业的东西。

我们向大师或者前辈们所学的东西，都是在他们的投资体系框架之下的，脱离了他们的体系单独看问题，就会容易出现偏差。而不顾自己的现实情况，一味追求那些经典理论的应用，更容易让个人投资者进入另一个盲区，变成邯郸学步。鱼不如渔，很多人眼中只有钱，聪明的投资者则更关心赚钱的体系。容易赚的钱也容易亏，而对于职业投资来说，稳定的投资体系才是稳定收益的定海神针。

我们在具备足够的投资经验之前，先有完善的投资体系，不但能进步更快，也会让自己始终保持正确的心态。我见过太多教别人做价值投资的人，最后都改去投机了。知识是一回事，没有体系谁都难以坚持。一个人的投资体系最重要的是自洽，最大的不自洽，就是单看理论和操作模型都对，但自己做不到，这就是体系不匹配的结果。每一个投资者，都需要创建一个专属自己的投资体系，这个体系好看不好看不重要，重要的是能够让自己长期生存下去。

第三节 世界上最近又最远的距离是投资和炒股

一、认识投资和炒股

在现实世界中，两个投资的人或者是两个炒股的人坐在一起都很容易找到共同语言，即便各自和完全不懂股票的人在一起聊天，也可以聊得不错。但一个投资的人和一个炒股的人交流的时候，真的是话不投机半句多，这种情况我遇到过很多次。譬如，有些好股票下跌的时候，炒股的痛心疾首，而做投资的则如获至宝。前者关心的是自己账户的短期盈亏，后者关心的是企业还能否长期赚钱。这道鸿沟的底层逻辑是价值观，而价值观的差异会超过财富、年龄、学识和性格。

大部分炒股的人想的是天天都赚钱，就像一个人总喜欢收获，却不愿意播种。投资的人规规矩矩把地种好，规规矩矩除草浇水，然后种多少收多少。投资和炒股，各有各的追求，那就各自珍重，各自做好自己就是了，没必要让所有人都认同。我在正式开始投资之前，已经在做企业管理的工作了。入股市第二年，我创建了一家企业，从无到有，从小到大，中间遭遇了很多发展问题，甚至是经历了生死存亡。对于我来说，企业管理经验与股市投资经验，是完全相通的。我一直相信，在实业中不愿意做的事，在股市上也很难取得长期回报。

某种意义上，我首先是一个价值投资者，然后才开始系统性学习价值投资理论。我始终把买入的上市公司看作是自己的企业，股价只是经营的结果，不是我投资的原因。做投资当然会有起起落落，但我从来没有怀疑过价值投资的意义。我一向爱熊胜过牛，越是市场不好的时候越兴奋，很多好企业只有在这种时候，才会出现风平浪静时买不到的价格，有时候你甚至会怀疑这个价格是不是太便宜了，企业的产品会不会出了问题？当然，并不是下跌的股票都是被错杀的，我们需要进行长期而又持续地研究，才能分辨出下跌背后的风险到底有多大。

所以我基本上是不做小股票的，也从来不去追热点，只会买那些10年之后都不会冷的企业。经常会有很多热门股令人趋之若鹜，如近几年的光伏、新能源车等，但这些处于高度竞争的行业，在商业格局还没有真正清晰的时候，判断谁会真正走出来，并不是一件容易的事。更有甚者，有些企业估值之高，10年之后赚的钱都未必能撑得起来。有些钱是因为不懂才能赚得到，有些钱是因为懂所以赚不到，还有些钱越是想赚就越赚不到。但不管怎么说，不懂不做的原则，永远是价值投资者的立身之本。

说到这里，我又要被炒股的人嘲笑了。让他们嘲笑吧，我只关心能不能多买些打折的好股票。2018 年底的时候，我超配买入中国平安和格力电器；2020 年 4 月，我卖了一套房子，买入的是招商银行、中国平安和五粮液，这些都是当时被人看衰的股票，后面都给了我丰厚的回报。在大部分时间里，不管是地产、互联网还是银行和保险，都是那些炒股的人不屑一顾的对象。对于他们来说，这些都不是一年赚几倍的股票，买入这些股票只能证明"你的投资能力低下"，有时候还会被人称为"骗子"，哄人接盘（一天成交几十亿元甚至上百亿元的股票，需要骗人接盘吗）。但我还是一如既往，做好仓位控制，默默买入。我相信 10 年之后，我买的企业都还在，也都会比现在更好。炒股的人看的是股价，我看的是股权，我们做的是同样的事，却远隔着世界上最遥远的距离。

二、有些人不去赌场，但一直在做赌徒

来股市的人，都是想赚钱的。在最短的时间里，赚最多的钱，这是大多数人的想法。但也正因为如此，大多数人在市场上都是赚不到钱的，越着急赚钱的人，往往亏得越多。

我们每天谈价值，但太多人转身看到市场里连续涨停的概念股，就会把所谓的价值抛到脑后。他们对所买入的股票一知半解，有的甚至毫无认知，其最主要的买入动机，就是这只股票最近涨得不错。这种盲目追涨的人，有时候也能赚到一些钱，但绝大多

数人不可能稳定地在市场中盈利，更不可能赚到大钱。这种玩法，成功九次，失败一次就可能会血本无归。长期追涨的人，等于是在下注，他们可能从来不去赌场，但一直在做赌徒。

价值投资让人稳定地取得投资收益，看起来慢，但长期坚守，不但可以赚钱，甚至可以通过复利，赚到若干倍的收益。这就是投资和下注的区别。在这个市场上，一个普通个人投资者，在能力、精力、财力、物力、人力等方面全方位处于绝对劣势的时候，还着急赚钱，那就只能被收割了。

三、出来炒，早晚要还的

2022年底，我听到了一位著名股票大V因为持续亏损而公开宣布退出股市的消息。我在股票社区泡了十几年，见过很多风云一时的大V，或悲壮或无闻地离开了市场，核心原因都是一个"炒"字。当时我看到这个大V"清仓认输"的消息，多少有些惊讶。在我的印象中，他的粉丝数量在之前两年出现了爆发性增长，应该和2019年之后的那轮小牛市有关。自2015年以来，每一轮大小牛市中，都不缺爆红的大V，但这些爆红者，往往都躲不过后面随之而来的熊市。

2015年上半年，我曾经关注过一位大V。他最擅长的就是发掘"牛骨"——用几倍杠杆去追那些暴涨了数倍的热门股。据说他只用了几个月的时间，就从几百万元炒到了资产过亿元，然后在2015年下半年一个多季度里，又回到了几百万元。再然后，他退出了网络。

投机是个永恒的诱惑，谁愿意年复一年、日复一日地埋头苦干，然后去赚区区"只有"百分之十几的收益呢？不需要深入研究，不承担深度回撤的风险，只做那些暴涨阶段的热门龙头股，实现一夜暴富的梦想，这才是大多数投资者的追求。这就是人性，可惜股市一直都是反人性的。在这里捷径就是陷阱，用错误的方法赚到了钱，这钱往往都会变成诱饵，最终让贪吃的投机者赔上自己的一切。这些年，来来回回，眼见他起朱楼，眼见他宴宾客，眼见他楼塌了。一个个大 V 在网络上消失了，后面还会有人爆红，还会有人迅速跌落，这不是网络的特色，而是股市的惯例。在 2022 年那位大 V 宣告清仓的帖子下，有很多冷嘲热讽的留言。风格不同，为此幸灾乐祸的人应该不少。我在他帖子下的留言是："出来炒，早晚要还的。回头是岸，皈依价值吧，卷土重来未可知。"

这里，我绝没有任何一点揶揄之意。坦白地说，作为一个靠股市吃饭的职业投资人，我看到他的帖子后的第一反应是兔死狐悲。虽然走的不是同一条路，但我们所要承担的失败后果，都是一样的。

职业投资人跟机构投资者和业余投资者有着很大的不同。机构投资者可以发很多产品，一个失败了还有下一个，若干年后大家只记得你成功的产品有多高的收益，失败的产品就留给历史了。产品清盘，基金经理做不了了，也还可以去做幕后工作。而业余投资者在股市里的投入往往不大，自身还有工作上的收入来源。即便遭遇深套，等下一个牛市到来时，也许就会连本带利都赚回来了。即便不得不清仓，大不了就此退出股市，这种损失是一次性的。痛，但不至于致命。但作为一名人到中年的职业投资人，我的身家性命都在股市里，脱离职场也有不短的时间了，对失败的承受能力，和机构投资者或者业余投资者完全不同。某种意义上，机构投资者和业余投资者就像是武林高手在比武，败了没关系，回去好好练功，下次再战。而职业投资人更像是一个刺客，失败就意味着死。

2008 年入市的时候，我是做纯交易的。2014 年左右，我开始研究企业价值，但一直并没有放弃交易体系。到了 2018 年底，我决定开始做一名职业投资人。自此，我把很多交易上的经验都封存了，一些原来可以赚的钱，现在绝对不碰。因为，我已经处在一个不能失败的位置上，做出任何选择时首要考虑的都是确定性。有些钱不赚，有些钱才能赚得更多。股市里每天都有涨停板的股票，但一个顶级投资者，长期年化收益能达到 20% 都是凤毛麟角。很多股票，投资者只看到了它的上涨，却没有做好它下跌的准备。做投资，千万不要把命运交给运气，因为运气来的时候自己不知道是怎么来的，运气走的时候，它也根本不会跟你打招呼。

我也曾经追求过概念，相信蓝图和梦想，但现在我只相信那些越跌越有吸引力的股票，相信那些暴跌后依然不会改变的东西，这才是价值。我也曾经为了求证一个企业的价值，用计算器和 Excel 表反复测算，而现在，如果一眼看去我分不清它的好坏，那就一票否决。我也曾经苦苦追求妙手，希望一击而中，账户迅速暴涨。但现在我不求一年几倍，只希望每年都能有稳定的盈利。

第四节　在投资中不要高估自己

一、投资中最可怕的事，是你配不上你的理论

在投资史上，巴菲特持有可口可乐 30 多年，一直都是个经典

案例。但 1998 年，可口可乐的市盈率高达 50 倍的时候，巴菲特没有卖出，其后可口可乐的股价经过了长达 12 年的低迷，直到 2011 年才重创新高，这也让很多人感到不解，难道股神当年真的看走眼了？伯克希尔·哈撒韦整体表现不佳，巴菲特甚至被《巴伦周刊》以名为"沃伦，你怎么了"的封面文章遭遇公开嘲讽。

那时候的美股，和 2020 年年底炒赛道的 A 股差不多，资金都集中在热门科技股上。微软三年涨了五倍，可口可乐、迪士尼等传统白马股跟着涨了一年多就被市场抛弃了，这也是伯克希尔·哈撒韦当时遭遇信任危机的原因。1999 年，标普 500 指数上涨了19%，而伯克希尔·哈撒韦的投资收益率却只有 0.5%，股价则下跌了19%。当年可口可乐受"毒可乐"事件影响，下跌了12%，但也并不比巴菲特很多持股更差。当时，巴菲特重仓的企业，除了可口可乐，还有美国运通、迪士尼等。最终，面对困境，巴菲特选择了卖出迪士尼，继续保留可口可乐。

巴菲特持有的迪士尼股票，大部分来自 1996 年迪士尼收购大都会 ABC 时，支付给巴菲特的 2100 万股迪士尼股票。后来巴菲特又买入了一些，共持有 2460 万股迪士尼股票，成本为 5.7 亿美元左右。1997—1999 年，巴菲特陆续卖出了这些股票，获利在 10 亿美元左右。到 2002 年这一轮美股大熊市结束时，迪士尼的跌幅比可口可乐大得多，证明了巴菲特当时的选择是正确的。2000 年，美股互联网泡沫破裂，标普 500 指数三年内被腰斩，同期可口可乐的跌幅不到 20%。虽然在伯克希尔·哈撒韦的总持仓中处于下游，但比市场上大部分个股的表现好很多，也没必要减持。后来可口可乐全球化布局得到突破，股价也开始恢复增速，巴菲特自然也就不再有减持的理由了。

　　在 2023 年版的《巴菲特致股东的信》中，巴菲特又提到了可口可乐的股息。确实，以 30 多年前的购买成本来看，现在可口可乐的股息回报是非常丰厚的。但可口可乐从 1998 年到 2010 年，股价 12 年不涨，期间的收益有股息，但也只有股息，有多少投资者能承受这样的 12 年呢？巴菲特把合伙人形式改造为伯克希尔·哈撒韦这样一家股份公司，可以无视短期市场负面因素带来的现金波动，这是他长期穿越牛熊的重要原因。但对于普通个人投资者来说，不管是资金压力、家庭压力还是意外事件，能允许自己在 12 年大起大落中只拿股息吗？有多少人能保证在这 12 年间，自己的家庭没有现金流压力呢？

　　价值投资适合每个投资者，但现金流充沛的人，确实优势要更大一些。巴菲特的投资案例，一定要和伯克希尔·哈撒韦结合在一起看，这至关重要。对于普通投资者来说，如果在合理价格买入经营长期稳定的股票后，始终保留一半现金，只在低于一定估值之后才可以分批买入，他的投资收益率大概率会长期保持较高水平。但对大多数人来说，做到并不容易。

　　理论是理论，现实是现实，很多路理论上都是好的，但最重要的是自己有没有做好"坏"的准备。最可怕的不是走了一条错误的路，而是在一条正确的路上走了很久，临近终点却发现自己走不动了，这才非常可怕。那些想要学习巴菲特长期持有可口可乐的投资者，一定要充分理解这一案例的前因后果，更要理解自己到底有没有足够的现金流和抗风险能力，来应对长期持有中必然会遭遇的种种波折，千万不要邯郸学步。投资中最可怕的事，是理论对，但投资者配不上它！

二、满仓穿越牛熊是否和你想的不一样

价值投资的核心是一切基于价值，但它只是一种选股模式，而不是一种有固定标准的投资模式，应用上是百花齐放的。我所买入的标的，都是我认可其内在价值的，但并不意味着我买入后就会一直持有不动，直到等来所谓的高估再卖出。2021 年之前，受益于地产牛市，核心资产整体都呈上升态势。但这个时代过去了，在未来若干年内，大家要习惯 GDP 的低速增长，习惯所谓的优质企业业绩增速大幅变缓，这会是一个持续的杀估值的过程，很多个股即便现在看起来低估，未来几年股价都不涨，也是很有可能的。

贵州茅台的股价在历史上曾经有过七年不涨的时候，伯克希尔·哈撒韦的股价也曾经有过 11 年原地不动的情况，你能承受多少年股价不涨，甚至是持续下跌呢？3 年、5 年、7 年、10 年？问问自己吧，真诚一点。

怎么持仓、怎么交易，每个人都有自己的方式。投资没有所谓的正宗和魔道，巴菲特一样会因为微软要收购动视暴雪而提前加仓，一样会做大宗商品的套利，他是不是在投机呢？尊重市场吧，你可以什么都不做，但一定要明白市场在说什么。**我建议每一位投资者，在开始买入一只股票之前，先不要想能赚多少钱，先想一下自己能承受它多少年不涨甚至是下跌。**不要高估自己的承受能力，有时候即便你能承受，你的家庭也可能给你压力，被迫在底部割肉的人，我亲眼看到的就很多了。很多人都在讲用闲钱来投资，但普通家庭能有多少闲钱呢？投资中最可怕的就是你的理论都对，但你做不到，这比什么都不懂还可怕。

2021 年之后的三年，是很多大 V 投资生涯最黑暗的时候，因为暴跌的很多股票，都是他们持有了很多年，并在其中赚过大钱的。他们就是因为这些股票才把价值投资当成信仰的，可这几年，信仰越坚定，亏得就越惨痛。我们看到有些大 V 云淡风轻地说自己如何满仓穿越牛熊，实际上都是事后言论。当初在那种至暗时刻，很多人一样会在最底部割肉的。

投资时不要高估自己。坦白地说，普通个人投资者，没有多少人有能力去满仓穿越牛熊。A 股的特点是一抓就死，一放就疯，能几个月涨上天，也能几个月就跌入低谷，这和美股那种长期慢牛走势大相径庭。我们学习的价值投资理论，都是大师们基于美股市场总结出来的经验，原理是正确的，但一定要结合市场，不要刻舟求剑。

价值投资可以是长期持有，但绝不等同于不管市场如何变化以及一味地满仓持有。市场给你机会你不珍惜，就不要在亏钱后抱怨市场了。

第五节　投资只能走自己的路

很多人心目中的价值投资，其实都是自己想象出来的。按照他们所理解的标准，如果把名字隐去，巴菲特的很多交易也都是在投机。当然，如果他们知道这是巴菲特做的事，结论就变了。这是个很容易道听途说的时代，一个人对另一个人或者另一件事的理解，往往不是自己研究的，而是听别人说的。

前年有位大佬的书轰动一时，那之后便开始流行一个词，叫作"长期主义"，从思维上这当然是正确的，不想持有 10 年就不要持有 10 分钟，这个逻辑没有问题。但落到现实中，就有点变调了。

作为资金管理者，自然都希望自己产品的投资人，把钱一直放在基金里不要取出来，这无可厚非。但不管市场如何，都一味鼓吹买入就是在害人了。巴菲特当然也喜欢长期投资的人，但他在股东大会上公开声称，"如果周一让交易的话，我们不会买自己的股票"，哪个基金管理人说过这样的话呢？我们看到的都是"怕高都是苦命人""抱团是英雄所见略同"之类的话语，在高位告诉大家趁着泡沫赶快赚钱，在低位大谈市场低估不要离场。经是好经，但念经的人总是别有用心。

对于价值投资的精华，总结出来并不复杂。最复杂的东西，却是所有大师都教不了的东西，毕竟绝大部分人都是普通个人投资者，在按照价值投资的经典模式去复制的时候，总是发现很多东西不太一样。譬如，在你等了好几年之后，终于等到心仪股票跌到了预期价位，老妈却来告诉你股市要崩盘了，赶快把钱都拿出来吧；你看到市场过于狂热，很多妖股暴涨，不敢加仓的时候，老婆看着你的账户鄙夷地说，隔壁老张根本不研究企业，账户的资金已经翻倍了。

这是大多数人都要面对的现实，说起来无聊，但有时候它比所有的经典理论更能影响一个人的投资决策。不管是身外的舆论，还是身边人的怂恿，都不仅仅是噪声那么简单。不能在梦想和现实之间有效协调的人，很难在价值投资的路上走得太远。

有人会认为价值投资有不变的选股标准和唯一正确的交易模式，偏离了就是离经叛道。实际上，价值投资只有一个原则，就是基于价值，其他部分，只能取决于你的资金性质和你对资金压力的承受能力。脱离自身情况，一味去追寻那些大师们的交易模式，对于大多数人来说，后果只能是被拖垮。

为什么学了那么多年经典理论，有些人却仍然做不好投资？因为现实不是按照理论来走的，就像很少有人会按照医学教科书来生病。太阳底下没有新鲜事，可普通人却总有普通人的烦恼，这些从来不在大师们的研究范围内。譬如，大师根本不知道你的丈母娘对你不买房这件事能容忍多久，也不知道买了房你的本金还能剩多少。你得自己研究出一套专属于自己的体系来。这个时候，心中要紧守着价值，但一定得忘掉所有的经典案例，只有适合自己的交易模式才是唯一的真理。

对于价值投资来说，学者生，似者死，邯郸学步一直都是很多人不得不离场的核心原因。不理解自己，就永远无法理解投资。

附　录

附录 A

职业投资第一阶段毕业了：我的 2022 年总结

今年是我做职业投资的第四年，自 2018 年 12 月开始，1400多天过去了，按照大学里的教学体系，这是一个本科周期，现在算是毕业了吧。我经常说职业投资跟机构或者业余投资都是不同的，至少对于我来说是这样的。自从四年前选择了职业投资这条路开始，我就知道这是一条不归路。已近天命之年，在远离职场数年之后，我不会有回头路走了。对有的人来说，投资失败可以退圈，但对我来说，失败就意味着失去现在的一切。

在开始职业投资之前，我已经有了十年的投资经验，收获满满。但在四年前，下定决心以此作为我的最后一份职业的时候，我就明白，自己需要重新建立一个和以前完全不同的体系。当你有数倍资金于场外的时候，当你的现金流每天都在增加的时候，股市里的狂风暴雨，真的不过是看电影一样有惊无险而已。但当你把全部资金投入市场，当你不再有新增长的现金流时，还沿用以前的方法，那就是刻舟求剑了。过往越成功，你所面临的危险就越大。

这四年时间里，我像一个初学者一样，从一些最基本的企业分析着手，把之前十年的历程重新走了一遍，而且不断尝试着各种模式，为的就是重新打造一个适合我的资金、家庭、目标的定制投资体系。感谢市场，尤其要感谢过去四年的市场。我经历了场内场外的风风雨雨，经历了规则的颠覆和逻辑的逆转，经历了从思想到身体的千锤百炼。

现在的股市，变得越来越清晰，没有这段特别的经历，我恐怕还要过很多年才会理解一些事情。这些年来，我解开了思想中长期存在的一些"结"，把账户里真金白银的进出只当做简单的数字变化，更关注因而不是果，更在意内心的认同而不是外界的变动。在四年前的这个时候，我完全没想到自己在这么短的时间内，就会有这么大进步，感谢艰难吧。

一、研究体系与交易体系的融合

既然是 2022 年的总结，那就聚焦一些。这一年我最大的收获，是找到了一个相对流畅地将研究体系和交易体系进行融合的模式。在我以前的很多文章和发言中，都说过最开始入市的时候，我是以交易为主的，学习了彼得·林奇的理论后，我开始更加关注产品；从巴菲特那里得到升华后，我开始深入理解企业的投资价值。在某一段时间里，我曾经想放弃交易体系，去做一个标准的价值投资。但后来我才发现，价值投资实际上是没有标准的，从来没有一个标准规定：什么行为是价值投资，什么行为不是价值投资。

巴菲特一样会关注市场机会，利用市场的错误来盈利，只不过他所做的一切都有一个前提，那就是"基于价值"。什么是价值？就是那些不管市场如何翻天覆地，人心如何朝三暮四，而股票中依然可以长期存在的东西。

交易并不是要去改变价值，也不可能改变，它只是修正价值中一些模糊的东西，或者让自己找到更有价值的空间。在 2021 年7 月之后，市场上发生了什么，大家都经历了。对于一直重仓地产股的我来说，如果没有交易体系，这会是毁灭性的灾难。交易就像剑法，研究就像内力，同时开始修习，剑法的进步会比内力更快。而且内力的修炼更加枯燥，年复一年、日复一日的苦修，还未必能取得太多成果。剑宗与气宗的纷争，是长期存在的，但"上帝"给了你两扇门，为什么非要自己封死一扇呢？高手们往往都是内外兼修的，何况一个普通的个人投资者，人力、物力、财力、精力都很有限，在沧海横流之际，多一个救生艇总是有好处的。

我所找到的融合点，其实只是一句简单的话："一切基于价值。"找到那个不变的东西，然后用市场的宽度和深度，来调整自己所承受的冲击，这是一种生存之道，也是一种与不可抗力因素的和解。

某种意义上来说，古典式价值投资那种"以不变应万变"也是一种交易。这是建立在对持仓股超级深入研究基础上的（当然，也有很多人是建立在无知、无畏基础上的），这需要绝对的强势理解，有时候甚至需要降维思考。但世界在变，以地产股为主导的A股的底层逻辑在变，不变的理由现在没有那么充分了。现在，在可以预见的未来中，这个底层逻辑已经变了。在没有找到新的逻辑之前，我暂时不会回到不变的状态里。变，会是我在2023年的投资指导思想，至少现在是这样的。

也许，过去十几年里赚钱越多的人，现在所面临的风险就越大。一种东西被当成规则印在心底深处的时候，一旦改变了，是很难调整的。

二、与不可抗力因素和解

芒格卖出了暴跌后的阿里巴巴，原因是有些东西他看不懂了。

芒格作为偶像和导师尚且如此，我们何德何能，还要去幻想改变什么？这个结让我纠结了很久，最终不是解开的，而是躲开的。在买股票的时候，很多标的变化已经无法说服自己了，看不清它未来的变数，自然也就无法理解它的价值。

这一年，我充分理解了四个字——"随行就市"。当规则发生变化的时候，不要想为什么，而是要先适应。适应之后，我们才有机会看到它的结果，才有机会迎来变革中的最好击球区。

三、市场机会

这一年，市场给了不少机会，还好，我基本上都把握到了。有的没有那么彻底留有遗憾，但事后想想，如果真要是充分把握，可能就不会有后面的机会了。有些翻天覆地式大逆转的出现，也不过是减少些亏损幅度，连保本离场都做不到。

朱酒 　●
01-05 11:03 · 来自雪球

各指数都在跌，银保地开始涨，风格切换已经昭然若揭了。

阅读
11.6万

↗ 转发(29) | 💬 评论(143) | 👍 赞(81) | ☆ 收藏 | ⚙ 设置 | ✎ 修改 | 🗑 删除

这个波动持续的时间不长，但对银行、保险、地产来说，阶段性机会还是不错的，我基本全部把握到了。

朱酒 　●
发布于2022-04-06 22:39 · 来自雪球

阅读
34.3万

远离地产妖股，迎接分化格局

今年一季度的地产股，央国企和民企的表现相差不大，不少民企一季度还有不错的涨幅。在这篇文章里，我明确了头部地产央国企的供给侧改革受益者地位，并直接点出违约或者违约边缘的民营房企，"后期大部分是无法在几年内恢复元气的"。二季度开始，民企就出现了阵营性坍塌，而今年持有头部央国企的投资者，收益是大幅跑赢大盘的。

 朱酒 🍶 ✔
发布于2022-04-24 23:32 来自雪球

3000点保卫战和市场底，同步到来

这个论断是从基本面做出来的，考虑了市场情绪，后面过了两天就是全年的最低点2863点。之后便迎来了全年最大的一波上涨，两个多月后最高位到了3424点。

 朱酒 🍶 ✔
发布于2022-10-13 20:08 来自雪球

从招商银行破净，看最近白马股的大跌

招商银行在我心目中一直都是质地最好的银行股，唯一的缺点就是近几年一直都比较贵。感谢市场的错判，在10月给了一个几年一遇的击球区。

 朱酒 🍶 ✔
修改于2022-10-31 17:03 来自雪球

龙湖，还需要怎么证明自己？

发这篇文章的时候，我顶着极大的压力。当天龙湖开盘就出现暴跌，一度跌幅达到了30%多，这时候站出来力挺，难度可想而知。当天收盘价是9.8元，后面一个多月时间其股价就涨到了

29.8 元。这篇文章也算是对我前面说民营房企的那句话，做了一个交代，有始有终吧。

朱酒 📱 ✦

11-01 14:48· 来自雪球

有的底是跌出来的，譬如2019年1月4日，这个底是涨出来的，后面再磨磨就结实了。

🔁 转发(51)　💬 评论(163)　👍 赞(44)　☆ 收藏　⚙ 设置　✏ 修改　🗑 删除

　　这句话是时效性最强的提示了，11 月 1 日那天还没收盘的时候就直接发了出来。当时下面的评论里满是嘲讽，不知道他们后来上车了没有。我们现在就在这个"磨"底的过程中，希望后面还能有机会及时提示吧，看看到时候有多少人继续嘲笑。

四、收获

　　自从 2021 年四季度，我因为买入某只地产股，而被一群人集体围攻了几个月之后，我就不再谈自己的持仓和交易了。反正什么样的结果都有人喷，干脆不说吧，这一年多来，确实清净了很多。我没兴趣发产品做私募，管好自己的钱就足够了；我也不想做自媒体，一年下来的收益，可能还赶不上我仓里几分钟的波动。我对别人的收益不感兴趣，只关心能向他学到什么。同样，我也只对我和我的家人负责，干脆不谈。总体来说，对今年的收获我还是满意的，在 3000 点左右有现在的持仓，真的不错。

　　我一年下来要写 100 多万字，主要的原因，是我和绝大多数朋友一样，都是自己在做，没有团队支持和研讨。感谢互联网，让我们有了一起学习的机会，这是我非常看重的。有的时候，有的朋友提出一个好问题，就等于帮我整理了一下思路，这是我最大的收获，衷心感谢大家。

五、2023 年的希望

一句话：坚持做对的事情，坚持不做不对的事情。

附录 B

无所住而生其心：职业投资这五年（2023 年总结）

2023 年是我做职业投资的第五年，这五年间，世界变化了太多，于我而言，也是如此。很多东西，已经不能用"收获"两个字来概括，也许和孙悟空从太上老君的八卦炉里出来时，感受差不多吧，真正的脱胎换骨了。

职业投资人是一个相对少数的存在。以投资为生，但和基金从业者没法比，不赚钱是没有管理费可收的，亏的也都是自己的血汗钱。和普通的个人投资者也没法比，没有工资性收入，只能靠自己的账户来赚钱养家。把投资当职业，就像站在悬崖边上。基金经理失败，可能意味着要告别行业，而职业投资人如果失败，可能就要告别人生了。

五年来，我的投资模式和之前十年有了很大的变化。做职业投资前，是有很大容错度的。发现有些股票有可取之处，就可以考虑入手，大不了先少量建仓，再根据市场变化一点点加上去，如果发现错了，换股就是。但现在，不管一只股票有多大利好，只要发现里面有自己看不懂的地方，我就不会买入。有些股票基本面长期看好，但存在阶段性问题，我也要等到估值能够覆盖风险后，才考虑建仓。

五年前，我会用很长时间去反复测算一只股票的内在价值，但现在，需要用计算器才能算出来的优势，一律当作不存在。五年来，我越来越看重信用，看重道德风险，看重黑天鹅事件的概率会不会在增大。环境改变人，这五年环境变化太大了。有些规则已经改变了，跟不上就意味着被消灭。五年时间，我学会了敬畏，也学会了感恩。市场以万物为刍狗，在这里不管你敬畏于它，还是感恩于它，它都不会有丝毫改变。我们改变不了市场，也改变不了环境，唯一能改变的，只有自己。这五年时间里，我踩了不少坑，但靠着对三个大底的判断，总算有惊无险过来了。

抄底，核心源于价值，但在盘中第一时间判断，则是源于交易。我入市的时候是从交易着手的，后来拥抱价值投资，其间也曾深入反思过——到底是价值重要，还是交易重要？

价值和交易真的矛盾吗？

没有交易如何体现价值？

没有价值如何实现交易？

回头看看这五年，有多少鲜衣怒马，已经沦为无定河边骨？这些投资者的现状，是因为价值，还是因为交易？

没有价值，谈何交易？没有交易，谈何价值？

孤阴不生，独阳不长，非要分个清楚，最终只会一无所得。过去两年，我的交易比前三年加在一起还要多。现在复盘才发现，其实自己主观上并没有提前设定太多，完全是跟着市场和企业的变化在做调整。

2023年，我经常会想起一句话——"应无所住而生其心"。这是佛家之语，道家称为"无为"，在儒家则是"从心所欲而不逾矩"。当价值和交易都已融入投资者的血脉之中时，他要做的，只是随遇而安。如今，账户对于我来说，不过是一些数字。在做出投资决定的时候，盈亏与否，成本如何，完全不会考虑；赚多少亏多少，心里也都波澜不起。

盈亏都是之前交易的结果，这一瞬间，唯一有意义的是——这件事做得对不对。昨日已去，做当前最"对"的事，就是对未来最大的负责。当与市场博弈了十几年之后，我开始与它和解，习惯之后发现这并不艰难，前提是"无所住"。"无所住"很难，尤其是对于一个没有退路的职业投资人来说，更是这样。但市场是公平的，你做不到常人所不及之事，就不会有常人所不及之获。更难的是"无所住"之后，还要"生其心"，这就又回到那个交易与价值之间的问题了。

交易，无所住；价值，生其心。

交易，从心所欲；价值，不逾矩。

交易，无为；价值，无为。

上面这三句话，实际上只是对"应无所住而生其心"的部分理解，很多内涵，远不止于此。道可道，非常道，有些事默默去做，不必多言吧。我们正处于前所未有的市场环境中，无迹可寻。凡有类比，皆是刻舟求剑。尽量别把路径依赖延续下去，让市场告诉我们该往何处吧。

一切基于价值！

附录 C

我的投资体系，为下跌而设计

这篇文章是在 2021 年底时候，我在一个论坛活动上的发言，系统性地阐述了我的投资体系，供大家参考。

我们谈价值投资，价值投资的本义是什么？基于价值！可你的价值又来自于哪里呢？股市的风险是涨出来的，再好的股票，越涨风险就会越大。有人说贵州茅台不一样，茅台跌了还能涨回来，但中间这个过程可能是几年的时间，你能承受吗？你在高位买的股票一定能涨回来吗？你能承受这期间所付出的代价吗？不要高估自己。

股市的安全边际是怎么来的？跌出来的，跌得越多越安全。这个道理讲出来大家都赞同，但是做的时候，估计就没几个人愿意做了。很多人会说："你说的都对，但我还是要买上涨的！"我的整个投资体系，是为下跌而设计的，是我在股市中经过了十几年的摸爬滚打，慢慢总结出来的模式。下面我要跟大家分享的，相信对绝大部分人不适用。但是我也相信，如果大家知道这个体系的来龙去脉，还是有一定的借鉴作用的，对你构建自己的专属投资体系，会有参考价值。

我最开始做投资时买的是黄金，因为我觉得当时的股票都太贵了。因为我一直做实业，很多泡沫太多的事，本能地不会相信。事实证明我看对了，2008 年股市跌了很多，我很聪明地躲过股市，进入了黄金市场，可当年照样亏了 30% 多，跌幅跟股市也差不多。

做了一年黄金交易，我发现黄金的价值被过于夸大了。我发现我找不到太多有用的数据：全世界的需求有多少，产出有多少，存储有多少，新增有多少，完全没有数据，实时变化的细节也不知道。那时候我的主要操作依据是技术分析，纯技术分析，我根本不知道数据在哪里，财务分析更是无从谈起。

后来在慢慢地学习了彼得·林奇和巴菲特后，我放弃了黄金，因为我不知道它的价值在哪，别的东西越跌越好，但是黄金我不知道会跌到什么地步，或许哪天黄金就会被宣布替代了，我觉得这种投资没有明确的价值标准。我早期受彼得·林奇的影响比较大，让我在当时漫长的熊市里坚持下来的原因，是他说过的"散户有可能战胜华尔街"。我鼓足勇气一直坚持着，直到2014年牛市来了，大家都赚到钱了。

一段时间里，我很看重趋势。在对趋势的判断上，也比较成功。2015年5月，我躲过了大跌行情；2015年12月的时候，我降到了一成仓位，躲过了熔断；2017年的6月，我提到白马行情的来临；2019年1月4日，我是盘中第一时间提到底部已成的。可我想说的是"但是"——但是我重新打造了自己的投资体系。几年里的几个大节点我都看准了，为什么还要废掉这种交易模式？如果过于看重趋势，我一次次踏准节奏，也确实赚到了一些钱，但是我做职业投资的需求是什么，并不是说一定要赚多少倍，而是一定要保证自己的本金安全。

我不是业余投资者，业余投资者有其他的收入来源，我没有。我也不是机构从业者，没有人给我发工资，我的收入基本上都来自于股市。成为职业投资人之后，很多情形跟我在2018年之前大不一样。那时候我是用闲钱在股市里玩，而现在则是把家庭的未来都放在里面了。

无论我前面成功了十次，还是成功了两次，最终结果都是一样的，我只要失败一次就什么都没有了。做职业投资，投入的是我的身家性命，这是我养家的经济来源，我要尽可能保证投资的确定性，我现在搭建的体系就是在确保这个确定性。

经常有人问我："你为什么总有钱补仓？"因为我原来就是设计好了的，将钱放在不同的仓里，行情平稳时基本上就没有操作，而当市场剧烈变化的时候，就可以有相应调整。我把自己的仓位，分成高、中、低三种弹性。在低弹性的仓位上，主要是沪深 300 ETF 或者是最新推出的 A50 ETF，有时候也会买入一些银行股，当成现金替代品；中弹性仓位的股票，目前是以互联网和白酒股为主，业绩增长相对明确；而高弹性仓位的股票，主要就是地产股。

对于地产股，我一直的观点是：**这里没有行业机会，只有企业机会**。就像我一直不看好白酒行业未来会有多大增长，但我觉得贵州茅台和五粮液会长期保持强势；我也不看好家电行业的成长空间，但过去这些年里，龙头企业的表现还是很好的。譬如，我用 100 万元去买那些相对稳定的地产股票，每年涨 10%，相对于地产这个波动性比较大的行业，风险与收益就不成比例。而买入那些弹性比较大的股票，如果股价下跌 50%，账面持仓会赔掉 50 万元，但这个时候，我会从低弹性仓位里转过来 50 万元，就变成了还是 100 万元。等后面回归原来股价的时候，我的总投入是 150 万元，总持仓变成了 200 万元，一共赚到 50 万元，收益为 33%。股价波动越剧烈，往往修复周期就越短，我的回报率也就越高。

所有投资的前提都是基于价值，我们要把价值放在第一位，如果看错了，买了一只没有价值的股票，我会第一时间止损。如果没有看错，市场回归正常，不用它涨，回到原有价格的时候，收益率就会不错。

买入股票之后，为什么我希望它跌？不跌我就没有更多的仓位可以买。我对每个板块都有严格的仓位限制，比如某个板块的最高限是30%，如果超过了，即使再便宜也不能买，等它跌到20%我可以加10%，它跌到15%我可以加15%，这是一个简单而又清晰的逻辑。

对于投资者来说，除了非常明显的价值判断错误，没有人能评判你的投资体系是好还是坏。对投资体系评价的主要依据，是你能否承受为此所产生的资金压力，这是核心理念。只有自己才知道自己的承受能力，别人很难评判。可口可乐12年不涨巴菲特也能拿着，我们能做到吗？茅台七年不涨，你能承受就拿，你不能承受的话，不拿也是一种成功。

我们所有人的个人投资体系都要自洽，每个人在打造自己的投资体系时，都要充分考虑一下，由此而来的资金压力，是不是你所能承担得起的。

后　记

写了两本书，我为什么还要继续写下去

"写作是最好的自我投资"，我喜欢这句话，就像我喜欢写作一样。很多人的学习方式是阅读，而我是写作。当我遇到一个难解的问题时，我会尝试着用文字来剖析它。因为思维是抽象的，很多时候我们把想的东西写下来的时候，才能发现里面的逻辑有多少漏洞。我自己的体会是，写一万字，胜过阅读百万字。

我是从2018年底开始做职业投资的，"职业投资人"这个称呼比较有趣，不同人有不同的理解。对于我来说，这里面有两个限定：一个是"职业投资"，代表着我的工作内容和性质，就是说我是以投资为职业的；另一个就是"人"这个后缀，表明了我只是一个个体，从调研企业、资料整理、宏观研究和微观研究，到最终做出交易决策，都需要自己独立来完成。

投资是一件很孤独的事情，好在还有很多网络上的朋友陪伴。从2019年开始，我加大了写文章的频率，主要是整理自己的一些思路，表达自己的一些观点，希望能在网上得到思想的碰撞，以便进一步完善自己的研究，不断提升自己的认知。

最开始的时候，我写地产股的内容比较多。虽然我之前20多

年一直在做房地产方面的工作,但研究地产股的时候,我发现很多东西不是了解行业就可以的,股票有很多专门的知识和体系,我现在的不少认识,也都是在一篇篇文章的写作中不断提炼出来的。后来我的一些认识沉淀下来,就有了《看透地产股》这本书。

写这本书,不仅仅是为了研究地产股。一个投资者可以不买地产股,但不能不研究房地产行业。一个十几万亿元销售额的行业,对数以千计的股票都有着直接或者间接的影响,很多时候不理解地产行业的方向,就很难看清自己所研究企业的趋势。在不断加深对地产股的认知的过程中,我也对银行、保险、白酒、家电、建材等很多行业,有了更进一步的理解。

到了 2020 年,从年初到年尾,市场一直在大幅波动。受国内疫情影响和国际形势的变化,让每一个投资者都面临着全新的市场变化。包括下半年"赛道"说法盛行,很多个股都出现了令人瞠目结舌的估值。这对于价值投资来说,是一个很有冲击力的考验。

这一年,我写的大多是关于投资理念的文章。有些钱因为不懂才能赚得到,有些钱因为懂所以赚不到。投资者用赚钱来评判成败是天经地义的,但赚钱指的是长期稳定的收益,短期的钱赚得再多,如果用的是错误方法,早晚会连本带利还给市场。

写这些文章的过程中,我在不断完善自己的投资体系。之前很多时候,我一直用大师们的经典理论作为标尺,但我逐渐发现,虽然那些理论都是经过时间和案例检验的,但放在自己身上却未必适用。因为我只是名普通的个人投资者,很多时候自己的能力完全做不到那些理论的要求,如果生搬硬套,后果可能会比投机失败还要严重。

　　这些文字整理出来，就有了《个人投资者的股市生存之道》这本书。要讲理论高度，大家只需要去看看格雷厄姆、巴菲特、芒格、彼得·林奇等大师的言论和著作就行了，完全没必要读国内投资人写的文字。但要理解中国股市，只看这些就远远不够了。

　　要想明白自己作为个人投资者怎样在股市上生存，中文网络上的很多文章都是非常有意义的，那里面的事例离我们的生活更近。毕竟我们的世界和大师们不一样，也一样没法完全按照投资大师们的标准去交易股票。用最适合自己的方法赚钱才是唯一生路，哪怕这些模式看起来很笨拙，但至少能让我们在中国股市中长期生存下去。

　　2022年之后，我的文章在方向上更接近市场一些。投资体系不是发现好股票就可以的，在选股体系之外，交易体系也是至关重要的。我也有不少长期持有的股票，但对于我来说，买入股票之后，从来没有想过要持有多少年，长期持有是结果而不是目标。我会给自己的每一只股票设置基本面调整点，甚至是基本面止损点，不触及也就不需要改变，一旦出现调整点，就必须要执行严格的应对计划。

　　我之所以强调交易体系，也是出于对当前市场的理解。这几年赛道股的超高估值和崩溃式下跌，对投资者的信心是一个严重打击。可以说，在大多数时间里，基本面好的企业估值泡沫严重，估值偏低的企业又面临着行业景气度下降的持续压力，市场的复杂程度可想而知。

　　经过这两年市场的大起大落，我对投资体系和估值体系有了更进一步的认识，并以此强化了自己在大波动市场中的交易能力，而其中的主要收益标的，就是白酒股。

这本《看透白酒股》为投资者提供了两个视角：一个视角是通过对白酒行业全景式的阐述和分析，帮助投资者了解白酒股的优势和属性，让大家更深刻地理解白酒股这一全世界独一无二的商业模式；另一个视角，则是把白酒股当成价值投资的标准案例，为个人投资者阐述如何研究企业，如何做股票的估值分析和财报分析，进而帮助投资者形成自己的专属投资体系。

在创作本书的过程中，我对白酒行业有了更深入的认识，对投资体系也有了更清晰的感知。可以说，作为创作者，我是本书的第一个收获者，也希望能把我的收获传递给更多人。

看不清楚的，交给思考；思考不清楚的，交给写作。把手中的笔，变成手术刀，剖析一个个企业；把手中的笔，变成尺子，评估一场场变局；把手中的笔，变成灯塔，引导自己走出迷雾。

投资始终是一件孤独的事，身边的一切都可能与你擦肩而过，而你的文字会与你长相厮守，记录你的徘徊与进步，记录你的付出和所得。

一起写作，一起学习，一起进步！